龍鷹之爭2032懸念

邱立本 著

www.cosmosbooks.com.hk

書　　名　龍鷹之爭 2032懸念
作　　者　邱立本
責任編輯　杜　娟
美術編輯　郭志民
出　　版　天地圖書有限公司
　　　　　香港黃竹坑道46號
　　　　　新興工業大廈11樓（總寫字樓）
　　　　　電話：2528 3671　傳真：2865 2609
　　　　　香港灣仔莊士敦道30號地庫（門市部）
　　　　　電話：2865 0708　傳真：2861 1541
印　　刷　美雅印刷製本有限公司
　　　　　香港九龍官塘榮業街6號海濱工業大廈4字樓A室
　　　　　電話：2342 0109　傳真：2790 3614
發　　行　聯合新零售（香港）有限公司
　　　　　香港新界荃灣德士古道220-248號荃灣工業中心16樓
　　　　　電話：2150 2100　傳真：2407 3062
出版日期　2022年7月／初版

序：2032 是台海之戰的鬧鐘

　　中美的龍鷹之爭，已經成為二十一世紀國際關係的焦點。最後的結局如何？這兩個核武國家，是否可以有智慧躲開「修昔底德陷阱」，在「核武恐怖平衡」下，另闢和平的蹊徑？還是會像「灰犀牛效應」所預測的那樣，在眾聲喧嘩的討論之後，還是往最壞的方向衝過去，玉石俱焚？

　　時間對美國和台灣都不利。二零三二年懸念其實是台海「戰爭與和平」抉擇的鬧鐘，驚醒當下還在迷夢中的白宮主人與綠營領袖。

　　越來越多的跡象顯示：中美如果爆發台海戰爭，會在習近平統治的未來十年內出現。由於二零三二年是習近平執政的最後一年，如果北京決定武統，戰爭最遲會在二零三二年爆發。

　　二零三二成為一個奇特的懸念。戰乎？和乎？美國與台海兩岸的中國人有沒有能力避免這一場戰爭？儘管台灣綠營政府與不少民意都不承認自己是中國

人，但寶島內部還是有不少認同自己是中華民族一員的力量，居中斡旋，穿梭奔走，務求躲開「中國人打中國人」的悲劇。

美國一些鷹派勢力卻認為台海之戰，晚打不如早打，指出中美如果在台海攤牌，時間對美國不利，因為時間拖得越久，中國的國力就越來越強，軍事上與經濟實力都會大力加強，美國到時候會招架不住，反而早些決戰，對美國是好事。他們害怕中國的航母與海軍建設，遲早會超越美國，而太空軍的建設，更是會超越前進。

但這都只是牽涉非核武的戰爭，一旦陷入核武戰爭的漩渦，兩方都是輸家。美國的現實主義謀士都認為，中美不能進入軍事衝突的場景，因為兩個核武大國若擦槍走火打核戰，用基辛格的話說，結果是「保證彼此毀滅」。

龍鷹之間，很多領域都是相濡以沫，彼此惺惺相惜，中美的貿易額，即便在特朗普施加關稅之後、即便在疫情之後，仍然不斷增加，創下了歷史新高。中美的產業鏈其實環環相扣，犬牙交錯，彼此需要。

但中美相愛也相殺，雙方有時候劍拔弩張，似乎

要一決生死。如今美國的招式就是連同中國的週邊國家，重施冷戰時期的圍堵，要將中國團團圍住。

中美的博弈成為世界史的主題，而台海的風雲更是重中之重，因為這是中國的核心利益，也是考驗美國實力的舞台。台海之戰成為台灣民眾心頭的大石，年輕一代要面對服兵役的壓力，過去從來沒想到要走向戰場，如今卻面對被戰爭絞肉機吞噬的痛苦。

戰爭的背後是總體戰，是經濟的比拼，也是制度優勢的較量。從二零一二年開始，中國的發展就進入一個突飛猛進的時代，從 GDP 到環保、從反貪到人工智能發展、從基建狂魔到金融建設都朝向一個正面發展的方向。而美國的發展，卻面臨被極端主義撕裂的時刻，經歷了特朗普「不按牌理出牌」的時刻，而如今卻又面對拜登「打群架」的圍毆方式，要將中國包圍，口誅筆伐，也企圖在商貿上處處設限，務求將中國的國力削弱。但更深層的問題是，美國的制度缺陷暴露了發展的障礙，昔日的美國夢成為很多人的夢魘。由於房地產價格飆升租金也飆升，導致美國的無家可歸者創歷史新高。在洛杉磯與紐約的富人區附近，可以看到露宿者綿延不絕的帳篷，對比強烈，令

人觸目驚心。

　　拜登政府的經濟卻面對前所未有的千瘡百孔，通貨膨脹率高達百分之八點六以上，一加侖的汽油，最高超過九美元，比美國最低的時薪工資還要高，這都讓拜登政府飽受壓力，即便盡快放寬對華關稅，也無法解決當下的問題。美國的槍擊事件層出不窮，已經成為社會毒瘤。

　　中美最後的較量還是彼此在制度的創新上，是否可以解決人民的具體問題，帶來更多的幸福感，而不是連民眾的基本安全和生活品質都不能保障。

　　而對中國來說，二零三二年是一個重要的節點，看到習近平統治二十年的成績。他也許是「也無風雨也無晴」，不會在各種的挑動下動武，而是趁着這十年的機會，讓中國的經濟體量與質量擴大，在軍事上與經濟上大到美國不敢也不可能來挑戰。兩岸的統一，最後還是通過政治談判解決。

　　尤其是台灣未來的選舉，綠營台獨的勢力是否會讓位給更為理性、更有現實判斷力的侯友宜或柯文哲？經過烏克蘭戰爭的衝擊下，台灣民眾會有更多現實的思考，必須要與對岸建立和平的關係。二零二三

年到二零二四年之間，烏克蘭戰爭終會解決，美國最後還是輸家，基辛格預測：烏克蘭不少土地會被割讓來換得和平。但台灣不可能割地換和平，因為寶島沒有戰略縱深，老百姓也沒有可以逃跑的地方，要和平的未來，就必須要和平的兩岸關係。

正是烏克蘭戰爭帶來兩岸關係的新思考。二零三二懸念的鬧鐘，已經開始在滴答滴答的等待……

目錄

龍鷹情仇

龍鷹之爭 2032 懸念

　　二零三二年是中美命運交叉的年份。預料這是習近平掌權的最後一年，也是中美國力翻轉的一年。但更重要的是，在未來十年，中美是否可以有智慧躲開「台海必有一戰」的魔咒，和平相處？美國國務院日前將本來已經刪去的「不支持台獨」的立場，又重新放到網頁，反映美國對台海衝突都非常緊張，深怕誤判，還是一切以安全為上。

　　台海和平的前提就是龍鷹之爭如何鬥而不破，是否可以躲開「修昔底德陷阱」，不會因為中國的快速崛起而導致美國必須發動戰爭，將中國打垮，就好像古希臘的斯巴達，要將崛起的雅典殲滅，才可以保障自己的地緣政治的利益。

　　未來十年，可以看到兩國命運的軌跡，興衰之變都可以有清晰的圖像。這是歷史未來的探索，今天的線索都隱藏在很多新聞的發展中，因為今日的新聞，就是明日的歷史，而今天的剖析，就是找出那些牽涉其中的變數，揭開它們的面具，發現被隱藏的真面目。

龍鷹之爭是高度形象化的比喻。中國人愛龍，見龍在田，飛龍在天，都是揮灑自如、悠然自得的象徵。美國人自命為鷹，也是比喻鷹搏長空，雄心千里。龍鷹都是「終非池中物」，都不甘平庸，肩負重大的歷史使命。

權力的傳承是一個重要看點。二零三二年是習近平當權最後一年，他掌控未來十年中國發展的軌跡，但迄今還無法看到誰來接班。但習近平被寄予厚望，可以在十年內將中國的發展上升一個台階，但誰來接班而又可以穩住局面都是重大的懸念。這背後當然是中國政治制度的軟肋，在權力的繼承上制度化的程度還不夠，每次最高領袖的變化都有太多不確定因素。二零一二年習近平上台之前的政治動盪，薄熙來、周永康、令計劃等政變邊緣的危機都足以引為殷鑑。

美國在二零三二年誰來當總統，還沒有任何端倪，但可以確定不是拜登，也不是特朗普。拜登即便下屆連任，也只是做到二零二八年，而特朗普若在二零二四年捲土重來，也只是做到二零二八年。美國的問題不是接班人的問題，而是當前國家內部的裂痕之深，是南北內戰以來所首見，迄今還看不到有任何彌合之

道。一些悲觀的學者認為，美國可能最後會陷入內戰，分裂成為兩個或幾個國家。

各種跡象顯示：今年中共二十大確定習近平延任兩屆，每屆五年，也就是習近平中國領袖地位延伸到二零三二年。他在未來十年繼續推動他近年所倡議的「共同富裕」願景，進一步實現社會正義的理想，在公共醫療、社保、環保、綠水青山等領域有所突破。

由於習近平在二零一二年上任之後，大力整頓吏治，打擊貪腐，尤其是針對軍中賣官買官的惡習，將徐才厚、郭伯雄等軍頭拉下馬，造就這十年中國政治「去貪污化」的特色，也使得中共統治的正當性在民間深入紮根，形成內部強大的凝聚力。樂觀的中國人認為，未來十年在習近平的領導下，中國國力會加倍飆升，經濟能量也是全面提升，估計再過五年，在二零二七年左右，中國的經濟總量 GDP 會超越美國。

但中美人均 GDP 可能還有一段距離，不過中國已對美國形成強大威脅，因為中國中產階級正在快速升起，美國中產階級正在快速凋零。到了二零三二年，中國中產階級的收入肯定不會輸給美國，而數量上應該已經是五億左右，比美國三億多人口還要多。

最重要的是，中國模式的發展對美國模式帶來歷史的挑戰，意外地在全世界出現示範效應，也就是說中國的發展有一種正面的內部動力，結合自下而上與自上而下的權力結構，推動大規模的基礎建設，發揮開放的全球化市場經濟，解決弱勢群體的痛點。這也許是歷史上最大的「政治工程」，將十四億人在一位強人統治二十年期間，改變了國家的面貌，也在國際上形成一個新的管治模式。

　　這個被通稱為「中國模式」的發展其實就是提升管治能力，突破一黨專政內部所面臨「權力難以被制衡」的老大難局面，重視精細化管理，要求官員問責。中國黨政內部重視糾錯功能，不惜自我顛覆，善用新科技與管理技術，借鏡西方與新加坡的先進經驗，超越前進。

　　中國的迭代變革與美國的制度倒退，恰恰成為強烈的對比，而最後的關鍵還是經濟上的創新能力，中國的經濟是否在上海疫情封城後受阻，還是可以痛定思痛，再上一個台階？中國的航天發展與人工智能是重要的突破口，可以轉為民用，在科技創新與應用上彎道超車，或是換道超車，碾壓在基建上大幅落後的

美國。這都是中國的優勝之處，登高望遠，龍騰之處，可以超越鷹的視野，看到美國所看不到的風景。

2032 懸念與中美博弈

　　二零二二年的夏天，在疫情與烏戰交纏之際，預測十年後的二零三二年的中美關係似乎很困難，沒有人可以擁有水晶球，看到時局發展的細節，但時代呼喚一種大歷史的視野，衝破當下細枝末節的糾結，探索歷史的方向。

　　二零二二年夏天北戴河會議，將決定中共二十大的人事安排，可以肯定的是，習近平會打破過去只做兩屆共十年的常規，進入他接任第三屆最高領導人位置。中共內部很多人相信，習近平還佈局延任多一屆到二零三二年才告別政壇。因而習近平從二零一二年上台到二零三二年下台，他統領中國達二十年之久，勢將全面落實他的治國理念。未來五年，也許習的接班人會逐漸冒現，重要的看點是陳敏爾、胡春華等熱門人選是否會更上層樓。

　　未來十年的世局發展其實繫乎中美權力競逐，也取決於雙方內部的變化，但最大的變數是中美會否在台海爆發戰爭？武統是否不可避免？習近平在位二十

年，仍然無法解決中國統一問題？還是他會在下台之前，奮力一搏？

從軍力來說，美國參謀聯席會議主席米利上將最近表示，到了二零二七年，中國大陸就擁有完全的攻台能力。現在中國海軍艦隻數目被喻為「下水餃」一樣，已超過美國，而中國航母殺手的超音速導彈射程超過一千公里，讓美國的航母與軍艦無法進入第一島鏈。過去在美中的台海兵棋演習中，十八次都是美軍敗陣。但美國最近對台海戰略思想，推動台灣從拒敵於島外到巷戰血鬥，呼籲台灣恢復徵兵制，提升部隊的戰鬥力，美國國會也在推動國務院改變對台軍售政策，從只限於防守型武器到提供進攻性武器，增強對北京的阻嚇力。中國大陸戰法則強調速戰速決、善用人工智能，不像俄羅斯在烏戰中曠日持久，陷入泥淖中。

從拜登政府的烏克蘭模式來看，美國不會派軍到台灣與中國一戰，但美國很可能會動用很多的軍事手段來遏止北京攻台，包括電子戰、太空軍、無人機的部署等都是未來台海之戰的關鍵，而輿論戰與心理戰其實早已開打。問題是戰爭是否很快解決，還是像烏戰那樣變成了持久戰，而台灣就成為絞肉機，後果不

堪設想。

站在中華民族立場都希望「上兵伐謀」，台海和平解決問題，而不是訴諸武力，否則生靈塗炭，中國人打中國人，情何以堪。美國處理烏克蘭問題，就是以代理人戰爭拖垮俄國，美國對台海也是司馬昭之心。兩岸領導人能不慎乎？

如果說中國領導層變化比較穩定，那麼美國高層變化就有太多不確定性。拜登在二零二四年的總統大選中，落敗的機會很高，共和黨的挑戰者，目前最有實力的還是特朗普。他若捲土重來「二進宮」，很可能會在對華政策上有不一樣的取態，但無論如何，他最多只能做到二零二八年，因為美國憲法第二十一條修正案規定每一個人只能做兩屆總統。之後美國的領導層是共和黨還是民主黨，迄今還看不到苗頭。今天看二零三二年習近平鞠躬下台，中美雙方最新領袖是誰，迄今還是個未知之數。

另外一個變數就是未來中美是否完全脫鈎？在烏戰之後，可以看到拜登的全球佈局就是要防止中國崛起，而卡住中國在全球產業鏈的脖子就是重中之重。但這是「七傷拳」，殺人一千，自傷八百。迄今美國

還是在這問題上舉棋不定，了解未害人先害己，尤其最近美國的通貨膨脹率已經高逾百分之八，房地產價格更如火箭般颷升，中產階級的生活都承受巨大的壓力，遑論中下層與下層社會。

但美國最大的問題，還是內部的極端化。右翼與左翼的極端主義各走極端，「三觀」南轅北轍，讓民主社會無法正常運作。二零二一年國會山莊的暴亂事件僅是冰山一角，政治冰山的下面是深層的基建與社會和種族矛盾。美國每年槍傷死亡人數就高達四萬多人，攀上歷史高峰，而監獄內的囚犯人數更達二百三十萬，人均監獄人口冠全球。這都使得美國在國際舞台上的道德權威流失，無法用「美國模式」來吸引其他國家。

相對地，中國也需要面對內部如何落實「共同富裕」，善用高新科技與人工智能，在經濟上如何超越前進。這也連結起中美創新能力的競賽，中國是否可以脫穎而出，還是被美國碾壓？這都取決於中國教育制度的革新，打破應試教育的框框，也學習德國從少年時期就發展技術教育，提高技術人才的待遇與社會地位，而跨學科的研究、管理方法的革新都是中國創新的聚焦點。

中美未來十年的博弈，其實在於彼此內部的變革與創新，也要看看彼此領導層的變化是否擁有新的智慧，避免台海戰爭，否則這將是中美兩國的災難。十年生死兩茫茫，和則兩利，戰則兩害，這是中美無法繞開的挑戰。

中美進入制度競爭的新格局

從大歷史觀點看，中美正進入一個制度競爭的新格局，在全球都帶來巨大的影響。美國對於中國的快速崛起，充滿危機感。拜登看到中國制度上的長處，正是美國的短處。中國以己之長，剋美國之短，形成了美國一種空前的焦慮感。因而拜登爭取在國會通過一萬兩千億美元撥款，要在基建上與中國抗衡。

但中美抗疫成績的對比，成為很多美國人集體心靈的最痛。美國三億多人口，迄今疫情死了一百多萬人；中國十四億多人口，只死了五千多人。這都顯示中國的體制更能夠保護人民的生命權，更能彰顯對人權的保障。

美國抗疫的失敗，不僅是從特朗普到拜登的政策失敗，也是美國制度的失敗。號稱民主自由法治的機制，無法確保人民的生存權利，反而治絲益棼，越弄越糟。背後原因，在於美國政治生活早就被極端主義與陰謀論所綁架，在社交媒體的平台上，真相成為稀缺品，充斥謊言與真假莫辨的猜想。在大眾媒體沒落、

小眾媒體近乎壟斷地位的時代，謊言與陰謀論就像失控的列車，衝進民眾的內心，控制了多少的人心，也扭曲了美國民主社會的運行。

而美國新自由主義下的「市場崇拜」，認為市場可以使得資源作出最佳分配，但事實上市場往往被資本勢力操控，上市公司都着眼於股東的短期利益，而政黨政治也導致白宮與國會的決策都是短期主義行為，總統與議員甫上任，就要計劃如何競選連任，因此長期的規劃不太可能，基礎建設的計劃，大部份胎死腹中，還沒開始就結束，紐約到華盛頓的高鐵、加州南北的高鐵等計劃都只聞樓梯響，不見玉人來。到二十一世紀的二十年代，美國的基礎建設大部份都非常老舊，橋樑、隧道、高速公路都在崩壞的邊緣。

反觀中國，卻是長期主義的旗手，規劃幾十年後的發展，高鐵、高速公路、隧道、橋樑等基礎建設，在過去十幾年間早已超越美國，成為世界冠軍。但中國的制度優勢，還在於近十年間所展示的內部制衡力量，抓捕了三百多萬個貪官，要求地方官員問責，失職者都被查辦。這都彌補了中國體制沒有民主選舉、但可以發揮權力制衡的力量。

但更重要的是，中國近十年間在黨的基層建設上花了大力氣，清除地方被宗族與黑社會勢力把持的局面，在脫貧的行動上，動用各種手段，善用網絡，創造新的就業機會，因地制宜，讓地方農產品或手工藝品都可以銷向全國，甚至出現網紅，解決數以千年的底層赤貧現象。

這都因為中國執政黨在路線規劃上，融合了全球化、市場化與公權力，等於跨越了過去被視為絕緣的市場經濟與計劃經濟，爭取兩者之長，而無兩者之短。習近平也被視為結合了毛澤東與鄧小平的特色，讓中國的發展具有前所未見的爆發力。

未來中美的制度之爭，在於如何有更多的創新。當下中國的國際專利已經超過美國，在工業化的程度上，也爭取建立一個內循環的產業鏈，不受美國制裁的束縛。中國現在已經是全球最大的汽車生產國，也是全球最大的汽車消費國，高速公路的里數也超越了美國。

比起美國，中國的特色是民間學習動機更為強勁，社會上瀰漫「終身學習」的風氣，各種音頻、視頻的學習之風都勝過美國。中國不僅大城市出身的名校生為創新提供人才源泉，而一些只有中學程度、或是「二

本」大專院校的「小鎮青年」也拼命自我學習，力爭上游。中國當前幾位創業成功的企業家，如阿里巴巴的馬雲、騰訊的馬化騰、小米的雷軍、拼多多的黃崢、字節跳動的張一鳴都不是高幹子弟或富二代，而是靠自己的創意與努力，打開機會的窗口，脫穎而出。

美國的創新，則是匯集天下英才，堅持開放自由，讓思想沒有禁區。特斯拉電動車的馬斯克（Elon Musk）是來自南非的新移民，谷歌、臉書、亞馬遜、微軟的 CEO 與高層主管大多數是來自印度的留學生。當然，大量來自台海兩岸的留學生也在美國的高新科技領域頭角崢嶸，為美國的創新事業作出貢獻。中國在這方面仍顧慮太多，把谷歌、臉書和推特等拒諸門外，讓思想不能充分交流，扼殺創意的誕生。

中美的制度博弈不應該是一場零和遊戲，而是彼此競爭，相互吸收對方的優點，消除自己的缺點。從全球的利益來看，中美的博弈如果是一場君子之爭，而不是陷入戰爭，則是全球之福，但若擦槍走火，則兇險難料，尤其是核武的陰影下，只會是兩敗俱亡之舉，拜登與習近平都有大國領袖的智慧，肯定會拒絕非理性決策的誤導，還兩國人民一個和平的願景。

中美未來繫乎創新力較量

　　中美關係存在很多的懸念。美國何時降低中國進口貨品關稅、何時恢復特朗普時代所關閉的休斯頓與成都的領事館、何時恢復兩軍交流與合作⋯⋯這方面的清單很長，但關鍵是如何回到「美好的老辰光」（Good Old Days），讓兩國可以不再虛張聲勢地劍拔弩張，而是比較坦率地分享大國的利益，重返昔日「中美共治」（Chimerica）的願景。

　　美國外交謀士發現，美國的籌碼在快速減少，而中國的籌碼卻越來越多。除了眾所周知的抗疫死亡人數的對照外，中國的創新能力也使得國家競爭力普遍上揚。這包括全球的專利申請數目，中國都已經超越美國，成為世界第一。

　　最讓美國擔憂的，還是中國在軍事上的創新，開拓新的武器能力超越了美國的想像。五角大廈最近發現，中國已經成功發展一種超音速導彈，沿着外太空邊緣飛行，然後在難以預判的角度發射核子彈頭，瞄準目標，可突破當今任何防空系統，予敵重創。這都

是美國與西方國家迄今沒有的武器。中國在這方面一彈獨大，對美國構成重大威脅。

這也改變了中美硬實力的遊戲規則，中國擁有比美國更優勝的武器，使得美國如坐針氈，亟需用各種方法對中國進行反制。

尤其是台海問題的陰晴不定，美國的軍艦「米利厄斯」號最近通過台灣海峽，日本連同美、德、澳在南海演習都劍指中國，但拜登在中美高峰會中明言不支持台獨，就定下了兩岸問題基調。快到一百歲的美國前國務卿基辛格最近指出，台海在未來十年不會出現問題，但之後就很難說。這都顯示，維持現狀是台海風雲的底色，但時間就是中國的朋友，因為從創新能力來看，中國擁有比美國更強大的動力。

中國的優勢還不僅是武器，而是市場上批判的武器，形成民間強大凝聚力，建立自己內部規模宏大的「內循環」，不懼美國制裁。中國九五後與零零後新一代對自己國家的前途非常有信心，他們最新的表現就是擁護「國潮」，對於中國自己製造的產品，一心一德地支持，如他們愛喝「茶顏悅色」的「幽蘭拿鐵」或是「聲聲烏龍」，不僅因為茶味獨特，也因為這家

連鎖店的茶杯寫着「我鍾情於中國四千七百年的茶文化」。年輕人也愛用中國自主創新的「花西子」彩妝，強調中國古典美，而不用西方或日本、韓國風格的加持，讓女生精緻的妝容，可以追溯到唐宋的風采。

即便購買汽車，國產的五菱國民車是他們的首選，因為性價比特高，電動、環保，而外形也極為可愛。這是一種新的自信，不再靠外國形象來妝點自己，而是充滿中華民族的最新底氣，在蓬勃的內需市場中高速發展。

美國創新能力的秘密，就是吸引全球的精英，聚天下英才。美國幾家高科技企業領軍人物都是印度留學生，這包括谷歌、微軟、亞馬遜等；近年崛起的特斯拉電動車，市值已壓倒全球汽油汽車企業的總和，創辦人馬斯克就是來自南非的新移民。中國兩岸三地的留學生過去大半個世紀都是美國科技界中堅力量，但美國開始用泛政治眼光看待華人留學生，甚至誣告他們為間諜，最後大多可以在官司後還以清白，但已經產生寒蟬效應，讓很多華裔精英黯然離開美國，成為美國的一大損失。

相對地，中國加緊吸納全球人才，強調外循環變

成內循環的重要性，二零二一年的進口博覽會就是重申對外開放，而越來越多的俄羅斯、東歐國家的科學家也被網羅到中國，參與中國的尖端科研事業。

中美創新力的較量其實就是制度上的競爭，看誰可以動員更多的人才投入創新的洪流，而未來在人工智能、5G、區塊鏈、元宇宙的世界中，都是中美的必爭之地。中國迄今擁有不少的優勢，但美國仍然是底子厚。不過，美國由於抗疫失敗，導致很多國際精英望而卻步，而中國的科研環境和敏銳與廣大的市場則可以吸引更多的人才。此消彼長，中國正在創新力的戰場上取得前所未有的優勢。

中美博弈與中產階級之爭

美國總統拜登訪問韓國與日本，推動印太經濟框架，主旋律就是遏制中國，在地緣政治上對北京施加強大的壓力。拜登改變了特朗普「美國優先」的單打獨鬥方式，改而採取「打群架」的策略，要「群毆」中國。在最敏感的台海問題上，他面對記者的提問時說，美國在北京攻打台灣的情況下會軍事介入。這打破了過去美國對此問題的曖昧局面，也使得中美在地緣政治上的博弈，越來越趨尖銳。

但當前台海並沒有任何「烏克蘭式」的危險。中國在疫情肆虐與經濟緊縮下，內顧不暇。中國的發展還在享受和平的紅利，不會倉促間引爆戰火。恰恰相反，拜登在民望跌到只有百分之三十五以下的情況下，惟有加劇對外的緊張關係，不斷製造事端，才可以確保不會在今年底的中期選舉中大敗，盡量避免參眾兩院都失去多數，防止民主黨政府在二零二四年的總統大選中失守。

但外交救內政的套路，早已被「看破手腳」。共

和黨勢力都在質疑，從烏克蘭到台海都是拜登當局自己挑起的火頭，沒事找事。烏克蘭之戰，源於北約不斷東擴，不願意答應俄羅斯對邊境安全的承諾，背後推動烏克蘭挑釁，終於刺激莫斯科出兵。拜登的如意算盤是不出一兵一卒，但背後大量物資支持，打一場代理人戰爭，最後就是消耗持久戰，將俄羅斯的國力削弱。美國的智庫也在探索，是否可以在台海複製烏克蘭模式，誘使北京出兵台海，讓台灣來消耗解放軍的兵力，從而削弱中國大陸。

這當然是對台海形勢的誤導，台灣不是烏克蘭，沒有任何戰略縱深，一旦開戰就會很快定勝負，不會出現烏克蘭那樣的持久戰。美國專家甚至提議台灣研究如何打巷戰，這都讓台灣老百姓驚恐，原來美國策略就是要台灣人來當炮灰，讓台灣成為一個絞肉機來消耗中國大陸的軍力。

但中美的博弈最後還在於內部經濟的消長，中產階級的盛衰可說是一個非常重要的指標。美國在二戰後的特色就是有一個龐大的中產階級，可以維持社會的穩定。這是一個「橄欖型」的社會，就是極貧與極富都是少數，最大的還是中產階級，在中間穩穩當當

地成為社會的重心。但這樣的結構已經成為絕響。美國的《時代週刊》就報道說，中產階級在美國正在消失中，因為「美國經濟很棒，但中產階級都很氣憤」，因為物價都在飆升，房價也在飆升，年輕一代無法保持上一代的生活水平，可說一代不如一代。為甚麼？這都因為美國的新自由主義的發展，形成富者越富、貧者越貧，中產階級越來越凋零，無法成為美國社會的中堅，只是弱化為美國歷史的記憶標本。

美國中產階級的萎縮，正是內政極端化的表徵。過去很多收入在中高位置的產業工人，如今已成為中下乃至下層的服務業人員，還要支付不斷高漲的房租，還有十幾二十年還不清的大學學費，還有越來越高昂的醫療保險費用。這是美國為人詬病的「三H」問題，就是一、房屋問題（Housing）；二、高等教育費用（Higher Education）；三、健康保險問題（Health Care Insurance）。這就像惡魔般咬嚙不休，H成為揮之不去的字母魔咒。

中產階級在中國卻是一個不斷壯大的階層。由於中國嵌入全球供應鏈的關鍵部份成為世界工廠，製造業日新月異，連美國最先進的電動車特斯拉也要在上

海設廠。這都造就大批的現代產業工人，從過去的底層藍領成為社會中等收入的一群。加上中國在人工智能等領域領先全球，競爭力提升。中國中等收入人數估計高達四億多，已超越美國三億多人口，而美國中產階級估計約七千多萬個家庭（約兩億多人），全部收入合起來還比不上前百分之一的富裕人口的財富。經濟學家估計在二零三二年左右，中產階級會成為中國十四億人口的大多數。

這肯定改變了中國經濟結構，也改變中國社會結構，加強了中國的穩定性，一個橄欖型的中國社會，會是一個最有創新能力、最有自信心的社會。中國的中產階級也建立新的中產階級意識，對自己命運更有掌控感，對前途更有自信，也刺激不同領域推陳出新，不甘於故步自封，會尋找突破。

這也是中美政治博弈背後的經濟較量。未來十年，預測美國中產階級越來越凋零，中國中產階級越發旺盛。美國社會的穩定性越來越弱，槍擊案每天死亡數字攀升到最高峰，日前德州小學槍擊悲劇共二十一人死亡，吸毒人數也飆高。這是中產階級流失的指標，許多美國人沒有穩定與自信的生活，傾向於鋌而走險

或尋求另一個世界的迷幻，在極端世界想像中、沉緬於逃避主義。而中國的中產階級恰恰是腳踏實地，不斷改善生活品質，最終改變國家氣質。預測中美博弈的未來，還須回歸預測兩國中產階級的未來。

中美須超越意識形態迷霧

中美之間突然打起了一場意識形態的口水戰，彼此攻擊對方不民主。中方更罕見地反守為攻，推出民主白皮書，以及「十問美國民主」論述，挑戰美國民主理論與實踐。美國則是「老神在在」，自恃民主歷史深厚，對中國擺出一副居高臨下的氣勢。這場論戰正如莎士比亞《暴風雨》一劇所言：「凡是過去，皆為序章」（What's past is prologue）。一切的吵鬧都要看實踐結果。美國昨日的民主經驗，未能防止今天與明天的失敗。中國昨天的民主挫折，卻可以成為當下與明天成功的基礎。

關鍵是中美意識形態的論述都不能迴避現實的考驗，也不能自外於民眾的切身感受。美國最新民意調查顯示，超過一半美國人相信，美國終將會打第二次內戰，讓當前撕裂的美國陷入戰火，到底如何化解美國內部巨大鴻溝，是美國要面對的嚴峻挑戰。也許美國兩黨要各劃半壁江山，一邊一國，互不隸屬，才能解決問題。因為過去十年間，美國內部對於國家發展有兩套完全不同的論述，各不相讓，傳統上美國民主制度強調的基本核

心價值已經蕩然無存，代之而起是漫天遍野的陰謀論，以及反科學、反智的心態。二零二一年一月美國國會山莊暴亂，以及防疫失敗、約八十萬人死亡的悲劇，都是最新的例子。

相反的，中國內部民眾對於現在政權的支持位於歷史最高點。這都因為中國抗疫成功，十四億人口迄今疫情死亡人數約五千，產業鏈不受影響，儘管在美國高關稅的巨大壓力下，中國輸美產品價值卻創歷史新高，顯示中國經濟與社會的強大韌性，凝聚內部，煥發全新動力與創意。經濟總量與人均 GDP 比較，美國仍領先中國，但從老百姓的期望值看，從民間「盼頭」看，中國人民覺得明天會更好，而美國人民卻大多非常迷惘，甚至認為明天會更壞。

其中重大的變數是美國的量化寬鬆，不斷印鈔票導致惡性通貨膨脹，房地產價格飆升，富者越富、貧者越貧，無家可歸人數創歷史新高、吸毒致死者也上升到歷史新高。但美國華爾街股市卻欣欣向榮，資產投資者一片榮景，高級消費場所處處鶯歌燕舞，而底層赤貧現象卻觸目皆是。有色人種因疫情的死亡人數遠遠高於白人。疫情下，美國的階級矛盾與種族矛盾糅合為空前的

矛盾，至今當局對此還找不到解決方案，而是聽之任之，成為一顆又一顆割不掉的毒瘤。

相對的，中國社會在疫情下展現高度紀律，締造了超低死亡率的奇蹟。而經濟活動也克服西方抵制，走出疫情陰影，成為世界工廠。中國當局具有強烈的憂患意識，對於構成禍害的社會問題都不惜代價，消滅於萌芽狀態。這包括對中小學教育「減負」，避免補習教育機構形成階級分化，確保不會剝奪新一代的德智體群美的全人教育。同時，針對高科技寡頭集團的壟斷都加以矯正，並且對大數據予以管理，避免在資本國際化的過程中流失，為外國所控制。

值得注意的是，中國在環保事業上作出重大貢獻。僅僅是八、九年前，中國各大城市的污染還非常嚴重，尤其首都北京，甚至被美國大使館固定發佈 PM2.5 數據，成為中國環保的恥辱印記，但如今在當局雷厲風行的整頓下，北京已經迎來很多的藍天白雲。習近平所強調的「綠水青山就是金山銀山」已經成為國策，在全國各地推行，展現一個全球環保成功的範例。

更大的政治經濟工程在於中國落實全面脫貧，讓偏遠地區與底層民眾，脫離了幾代人的世襲貧窮，推動

鄉村振興，重視網絡上的創意，從直播地方產品到農業現代化，都讓數以億計的底層民眾脫貧，獲得聯合國的高度讚賞，視為第三世界國家脫貧的典範。

中國的成功就是擺脫了意識形態的糾纏，不再在姓資姓社的問題上辯論不休，而是實事求是解決具體的問題，在中國自己的實踐上努力，不斷嘗試，善用最新技術，重視創新，結合資本與技術融合所帶來的爆發力。如香港科技大學畢業的汪滔，在深圳創辦大疆無人機公司，歷經技術迭代與國際資本的結合，成為全球無人機最大企業，在中國農業現代化過程中，扮演關鍵角色。華為 5G 技術的成功，有助中國在人工智能發展上，一日千里，領先全球。

這也是美國一些心胸狹窄人士所忌憚之處，要借助意識形態問題對中國打壓，其實在創新道路上，美國倚仗新移民力量甚多，特斯拉領軍人馬斯克是南非移民，而當前美國幾大技術公司，從谷歌、微軟、亞馬遜到推特的 CEO 都是來自印度的留學生。美國大學的電腦專家，很多是來自兩岸的精英。只要中美超越意識形態之爭，重回專業軌跡，世界就會迎向和平的曙光，走出當前劍拔弩張的血色黃昏。

中國挑戰美國新自由主義

外交是內政的延長。中美的國際博弈，在地緣政治的爭鬥背後，其實就是制度之爭。美國的制度優勢在於掌握了國際話語權，發揮美元、美軍、華爾街、矽谷等優勢，但背後是新自由主義世界觀，崇拜市場機制解決一切。美國在全球展現霸權地位，儼然成為全球學習的對象，也是各地反對派所艷羨的模範。這包括中國大陸、台灣及香港的民間社會，長期以來都是「以美為師」，認為美國社會就是自己發展的未來。

但疫情改變了一切。這次抗疫風暴中，美國死了一百多萬人，而中國只死了五千多人，對比強烈，讓很多人開始深入思考中國體制的長處，發現中國「組織化社會」的特色有它的合理性。中國過去二十年的快速發展，正展示一種政治學教科書所沒有的新發展模式，不僅超越美國的政治論述與制度設計，更挑戰美國新自由主義的理論與實踐。

在新自由主義成為思想界主流的局面下，美國社會正處於空前的危機。由於強調「擁槍」是美國人的神

聖權利，結果政府無法嚴格管制槍支，槍擊兇殺事件上升到歷史高峰，一年死亡約兩萬人，而很多州的毒品「非刑事化」，導致毒品氾濫，也荼毒社會與新一代。種族撕裂的問題越來越尖銳，而亞裔更成為黑白衝突的磨心，備受欺凌。美國的無家可歸者人數也飆升至新水平，即便在加州富人區一帶，都可以看到漫山遍野的露宿者帳篷，蔚為奇觀。美國以人權問題為藉口向各國指手畫腳，但本國人權問題卻陷入災難的深淵，而解決之道為何，整個社會都沒有答案，甚至對問題視而不見。政壇的撕裂，彼此指責，成為新常態。

今天中國正在緊鑼密鼓地改善自身的缺點，也面對美國在全球化浪潮中撲面而來的新自由主義浪潮。中國開始強調共同富裕，第三次分配，鄉村振興，全民脫貧，從根源上解決問題，避免被市場崇拜的力量淹沒。但美國仍然沉溺在新自由主義哲學的主導地位，讓資本的權力凌駕政治的權力，以市場自由的名義，使得美國財富的百分之九十九，被約百分之一的人所佔有，形成歷史上貧富懸殊最厲害的時期。

同時，美國在國際上設有七百多個軍事基地，要顛覆看不順眼的國家，但也不斷碰壁，二十年來在阿

富汗征戰，投下二萬億美元，但倉皇撤軍，也面對「該斷難斷」的災難。中國則在這二十年全力發展基建，興建全球最大的高鐵系統、最大的高速公路、最多的橋樑、最多的隧道等。中國最近要進一步落實鄉村振興，減低社會階級矛盾，警惕在市場化與全球化的浪潮中，要追求共同富裕的目標。

儘管美國政客挑明說中國是美國的威脅，因中國GDP 經濟總量會在未來五年超越美國，但中國的人均GDP 現在才一萬美元左右，與美國人均 GDP 約五萬美元水平比較，相距甚遠。中國執政黨基因擁有追求社會正義的動力，也因此在路徑選擇上，提出一個挑戰美國新自由主義的願景。

這也是中共在百年生日後最新的宣示，要不忘初心，追尋一個分配趨向公平的社會。毫無疑問，中國改革開放後，借用市場經濟的特色，激活長期停滯的民間動力，在二千年加入世貿組織，融入全球化的大循環，讓中國獲得全球市場的紅利，也釋放中國十四億人口的紅利，成為全球最大的工廠和全球最大的市場。但這二十年來，中國的資本集團出現不少野蠻生長情況，而資本與某些官僚的利益輸送也成為公開的秘密。

最近北京開始對這些結構上的問題作出處理，一些高官被拉下馬。中國民間社會的創新力量超越政治集權與官僚限制，推陳出新。中國共產黨強調要發展有中國特色的社會主義，與全球化和資本主義融合，但又有強大的治理能力，重視專業精神，而不能靠口號與主觀的希望。

美國的制度創新，亟待突破選舉政治的狹隘，不要被短期主義利益算計所局限，不要被大財團的勢力所左右，避免讓政治權力成為經濟權力的僕人。面對新自由主義的禍害，美國需要一位新的羅斯福總統，推動美國的新「新政」，扭轉乾坤，讓當前富人治國的現象不再延續下去。

中國的共同富裕與第三次分配的理念不僅追溯至羅斯福的新政，與凱恩斯主義同出一脈，也與美國立國時聯邦黨人的政治理念有某種相通之處，就是要發揮中央政府的角色，防止經濟權力的壟斷，也要促進經濟的繁榮發展。中美是彼此的鏡子，在外交博弈中可以看到彼此相似的經濟身影，要尋求社會正義，抵達政治理想的彼岸。

當前中美貿易即便高關稅下，也正上升到歷史高

峰，説明兩國相互依賴，你中有我，我中有你，成為
全球化的連體嬰——他們不斷吵架，卻永遠離不開對
方，成為歷史的傳奇。

美國軍事凱恩斯主義的危機

拜登一萬七千五百億美元國內基礎建設法案功虧一簣,被西維珍尼亞州的民主黨參議員曼欽（Joe Manchin）倒戈所害,前途未卜,讓民主黨人都扼腕不已。

但較早前眾議院另一項有關美國的軍費預算案,兩黨卻高度一致,最後以三百六十三票對七十票的巨大比數通過,並且還將原來預算的金額加碼,增加了二百四十億美元,共達七千六百八十億美元。如此慷慨的撥款,背後是美國強大的軍事凱恩斯主義的勢力,要推動軍工企業的力量,煥發內部的經濟飆升,再加上美國的量化寬鬆,不斷印鈔票,更加使得軍事凱恩斯主義如虎添翼,如猛虎出柙,銳不可當。

這也成為美國外交危機。外交政策背後往往是軍工企業的利益,而美國的外交決策與國防官員和他們的親屬,很多都持有軍工企業的股票,或是擔任它們的顧問,存在龐大政治經濟的利益輸送,毫不避嫌,而是在專業與愛國的名義下,推動軍工企業的利益。

當前拜登的軍事預算比特朗普離任時的預算還要多三百億美元，龐大的軍費背後的動力就是要準備隨時打仗。五角大廈的腹案是要讓美軍有能力在東西兩線同時作戰，彼此兼顧，而無所偏廢。這在現實的環境就是同時與中國和俄羅斯作戰。

　　因而美軍在台海和烏克蘭的危機中，都摩拳擦掌。美軍背後就是寡頭的軍火商集團，它們誓言要開發更多與更新的武器，要確保美國永遠保持軍事上的壓倒性優勢。

　　面對中國近年在軍事上的創新，美國充滿焦慮感，在很多關鍵的領域上落後，尤其在太空武器、超音速洲際導彈等，中國都突飛猛進，美國相對地缺乏創新的軍工產品出現，包括在人工智能、無人機、機械人等發展，美國的創新能力都不如中國。

　　戰爭的決定因素是人，美軍現在的募兵制很難找到最優秀的人才。參加美軍的兵員很多都是底層的黑人與拉美裔，教育水平不高，對於現代化戰爭所要求的高智慧人才都深感缺乏。這也導致美軍普遍的焦慮感。來自全球的新移民，往往成為被徵兵的對象。而廣徵各方的高端人才，也要付出更高的待遇，這成為

五角大廈的經濟負擔。

也許凱恩斯自己也沒有想到，凱恩斯主義會成為軍工企業的經濟基礎。他在一九四六年去世前，軍火商還沒有如此肆虐。但美國登陸諾曼第的指揮官、後來出任總統的艾森豪，就見識到軍火商在背後操縱政治的厲害之處。他在一九六一年離任演說中，一針見血地指出，軍火商已經成為一個軍事工業綜合體（Military-Industrial Complex），國民須嚴加防範，不要讓這些軍火商的利益凌駕國家利益。

這番警世之言經常在美國知識界被提起，警惕不要讓這些唯利是圖的財團來主導美國的對外關係，以愛國主義的名義來販賣死亡。艾森豪從總統的高度，發現了這龐大的利益鏈條正在主導美國的外交政策，導致「死亡販子」推動美國子弟兵走向戰場。

美國媒體也發現，五角大廈的官員與軍工集團的關係千絲萬縷。退休的將軍與國防高官都被軍火商財團吸納為董事或顧問，或是家屬投資這些財團的股票，利益輸送肆無忌憚。國防部長奧斯汀（Lloyd Austin）二零一六年退役後就加入最大的雷神軍火商擔任董事，而五角大廈是最大客戶。前國防部長馬蒂斯（James

Mattis）離任後擔任通用公司軍火製造部門顧問，年薪高近一百萬美元。

歷史學家發現，美國自建國二百四十五年以來，共發動戰爭二百二十多次，可說是每一年都接受戰火的洗禮，讓美國政府成為永遠不停止的戰爭機器。機器的背後就是官商勾結的強大力量。

在當前的國際形勢中，美國視中國與俄羅斯為最大的假想敵，而中國勢力在過去十年間飆升，也讓美國極為忌憚，要在各個領域加以壓制，但中美之間卻在產業鏈上彼此依賴，你中有我，我中有你。美國無法與中國脫鈎，被美國右派批判，美國經濟簡直是「與敵同眠」。

這都成為美國軍事決策者的難題，五角大廈這些年發現，中國製造的大疆無人機產品價廉物美，還有不少美國產品所沒有的功能，但美國政府當局加以部份禁運，美軍無法全面進口。最近美國甚至是全面對大疆加以制裁，並刺激美國要投下更多的經費來開發更厲害的武器。

美國的軍事征途，與資本的征途，一體兩面，背後是軍事凱恩斯主義的體現，主導了美國的外交政策，

販賣美國人的焦慮，也販賣美國人的死亡。必須將軍工綜合體的利益鏈條曝光，才可以找到世界和平之路。

鄧小平南巡三十週年啟示錄

一九九二年一月十八日到二月二十一日，鄧小平南巡，改變了中國發展的方向，扭轉了中國當時被意識形態束縛的局面，超越姓社姓資的爭論，強調不管是白貓黑貓，只要抓到老鼠就是好貓。這使得中國的政治不再糾纏於馬列毛教條，而是開始實用主義的探索，在一個新的起點上，推動中國的發展。

三十年後的今天，中國的經濟已經升了好幾倍，預料在未來五年左右超越美國，而國力的飆升也使得中國面臨美國的處處設限，動用關稅與各種制裁。但今天美國整個產業鏈都與中國緊密相連，回首過去，有些評論認為中國是否忘記了當年鄧小平的教訓，要「韜光養晦，絕不出頭」？是否中國今天已經「翹尾巴」，失去了鄧小平低調的智慧？

其實中國崛起，早在華府算計中，九十年代，北京也面對過幾次美國嚴峻挑戰。一九九三年「銀河號」事件，中國輪船被美軍強行登船檢查，可說是奇恥大辱。一九九九年美軍機轟炸中國駐南聯盟大使館，傷

亡慘重，更違反國際法，但中國只有打落牙齒和血吞。

對美國來說，與中國的關係也是一場「美麗的誤會」。很多自由派都希望將美國的制度推銷給中國。五四運動的「德先生」、「賽先生」也是以美國為藍本。中國在七八十年代改革開放時，很多美國的知識分子都期望中國有一天會越來越像美國。

這樣的預言其實對了一半。從鄧小平開始，中國就飛快加入全球化的體系，善用自己龐大的勞動密集系統成為世界工廠，讓美國與西方國家都享受中國價廉物美的商品。但更重要的是，中國學習華爾街的金融運作，發現資本主義的最高階段是金融資本主義，如何善於運用資本的力量，發揮市場的最大效用。中國民企從騰訊到阿里巴巴到華為都在市場經濟中展現巨大的力量。不少美國人相信，中國會有一天被美國化，或與美國變得越來越近，可以實現兩個大國共同統治全球，成為一個「中美國」（Chimerica）。

但這肯定只是痴心妄想，因為中國的核心利益與美國出現碰撞。台海兩岸的統一，是北京念茲在茲的問題，但北京的政策工具箱內，不僅有和平統一，還有武力統一的方案。美國如果誤判，很可能觸發北京

武統，不惜與美一戰。

不過習近平的最佳方案，還是採取兩岸融合的方式，達成統一，讓中國的國力——從硬實力到軟實力都可以不戰而屈人之兵。這是最理想的狀態。中國近年的發展，從抗疫成功到智能化的突破，都讓北京感覺更有底氣，更可以在兩岸融合上發揮重大的作用。

鄧小平南巡的重大突破就是堅持開放，不搞極左一套，不動輒上綱上線，而是回歸老百姓的切身利益，與全球化接軌。過去三十年間，中國由於開放，了解全球的多元文化，調整了自己的價值框架，不再閉門造車，而是展示內部制度創新的能力，也有權力制衡的力量，並且將鄧小平當年所說的「讓部份人先富起來」提升為「共同富裕」的願景。

習近平上任後推動反貪，從嚴治黨以黨治黨，強調「自我革命」的勇氣都讓人耳目一新。最近對鄭州市幾個月前水患導致幾百人死亡的事件問責，宣佈市委書記徐立毅和整個施政班子都要負責，並且揭發市府隱瞞死亡數字，不惜揭開黨內醜陋的一面。

這都是中國制度創新的新氣象，返回權力制衡的力量，即便在一黨專政的局面，黨內都有機制可以揭

開內部問題的黑暗，防止問題的惡化，也落實社會正義。新加坡的一黨獨大也建基於內部的制衡機制強大，杜絕貪腐，讓新加坡成為全球反貪力度最大的國家。新加坡可以，中國難道不可以？

鄧小平當年曉得中美和平共處的重要性，但也警惕美國國家利益，最終會與中國發生衝突。從朝鮮戰爭到美國偵察機迫降海南島事件，可以看到中國主權不斷被挑戰。落後就要挨打、尊嚴來自實力。鄧小平強調韜光養晦，但在被人逼到牆角時就要奮起反擊，該出手就出手。

中國的軍力在過去三十年間突飛猛進，再也不是一九七九年中越之戰時的解放軍，而是可以在亞洲地區與美國叫板，衝破第一島鏈，贏得主場優勢。這都是全球軍事專家所具有的共識。

中國要落實鄧小平南巡的理想，其實就是要落實創新，從商品的創新到制度的創新都是中國繞不過去的挑戰。中國最近發展「超級虛擬工廠」，運用大數據與雲端共享，將閒置的工業設備作出最佳的優化，讓產業數字化，數字產業化，都是當前瞄準的方向。

中國在人工智能、區塊鏈、雲計算、量子物理等

領域，都處於全球領先地位。鄧小平三十年前在深圳的鼓與呼，延伸為今天國家發展的力量泉源。

全球政治「新常識」宣言

　　一個追求「新常識」的幽靈，正在全球的天空飄蕩，也在全球人民的心中發酵。在疫情肆虐下，全球都在反思政治的新模式，尋求如何建立一個「良政善治」的政府，可以保障人民生命權，不讓人類如螻蟻般被新冠怪獸踐踏，大面積的灰飛煙滅。為何那些被謳歌了兩三百年、被奉為金科玉律的民主制度，卻無法保護人民，反而讓社會不斷陷入死亡的深淵，從美國到英國，從法國到意大利都讓病毒如入無人之境？社會上出現越來越多的反思聲音，如何讓人民活下去。

　　我要活下去，其實是人民最卑微的要求，但在繁華發達的社會，卻成為最未被聽到的聲音。眾聲喧嘩中，那些在權力殿堂高位的領袖都有光怪陸離的論述，將死亡的痛苦轉變為權力的甜蜜滋味。拜登總統說抗疫不能再靠聯邦政府而是地方政府的責任；特朗普為那些拒絕注射疫苗的右派群眾撐腰，將拒絕疫苗成為自己的政綱。疫情成為政情操弄的工具，而醫院的停屍間卻成為人間煉獄，迄今共有一百多萬名美國人死

亡，但他們為何而死、為誰而死，卻是美國歷史的謎團，有理無理說不清。

但死亡卻非常真實，在殘酷的陰影下，全球民間深層的反思包括：

（一）追求「新常識」，不要被民主基本教義派所誤導，不要以為有了選舉就是到達理想的彼岸，而是要看基本的生活指標，如人均 GDP 是否上升、治安是否良好、兇殺率是否降低、人均居住面積、無家可歸者是否增加、嬰兒夭折率、毒品氾濫率、反映貧富懸殊的堅尼系數如何。

（二）追求「去極端化」，不要讓社會上的極端勢力綁架主流社會發展，不要以進步的名義推翻社會的穩定，不要像香港那樣，說為了爭取民主而焚燒港鐵站、拆毀交通燈、堵塞隧道，更不要像美國那樣，說為了民主，攻打國會山莊，要追殺自己不喜歡的議員。

（三）要警惕宗教上的極端勢力，鼓動殺害非教徒，像新疆的恐怖分子曾大開殺戒，殺害漢人；印尼極端回教宗教分子焚燒基督教堂，或緬甸佛教徒殺害羅興亞的回教徒等。

（四）要防止自由派的姑息養奸，如加州的最新法律，竟然容許偷竊九百五十美元以下的物品不算犯罪，警察不會抓捕，結果造成盜竊之風四起，難以控制。不能容許像紐約市那樣，將吸毒合法化，還有市府設立合法「吸毒特區」給市民，提供乾淨的針頭，並有專人看護吸毒者，等於變相鼓勵越來越多的市民變成癮君子。

（五）要防止以「性多元化」名義，讓兒童陷入性錯亂的深淵，如紐約市的法律規定，在男女兩種性別之外，市民還有約三十一種性別可以選擇，雌雄同體，打破了物種的自然規律，也讓社會上的性別問題錯亂。

（六）不能以自由之名任意損壞他人利益。包括這次疫情下，歐美國家很多人以自由之名，拒絕戴口罩，拒絕接種疫苗，結果讓病毒蔓延，成為難以遏止的病毒洪流。個人的無知與放縱，導致全體的災難。

一七七六年，托馬斯·潘恩（Thomas Paine）在費城寫下《常識》（*Common Sense*）一書，指出美國新移民必須要和英國舊世界「決裂」，不再被傳統「英國至上」的偽善所困住，而是要有探索新世界的勇氣，要有開拓一個保護自己權利的新思路，不再被老舊的

條條框框所束縛。那些裝腔作勢的教條，無法解釋與滿足時代新需求。推翻倫敦的控制，其實是每一個美利堅土地上民眾的心聲，這才可以確保他們的生命權與基本福祉。

當年的「常識」也成為今天「新常識」的動力。全球政治「新常識」宣言，就是要告別「反常識」的政治舊習，讓人民擁有免於疫情死亡恐懼的自由，讓社會擁有免於被「極端化」綁架的自由，擁有免於被違法與姑息養奸的自由，擁有免於被貧富懸殊撕裂的自由。

這是全球民眾的新「四大自由」，打破過去對所謂選舉政治的崇拜，回歸政治基本面，如何透過精細化的管理，以及內部強大的制衡，防止權力的濫用，讓權力可以為民所用，以人為本。

新常識也成為國際關係新動力，拿下了那些民主的面具，暴露了英美勢力在國際上的強權本質。白宮搞民主峰會，卻無法讓民主來保護自己人民的生命權，也無法讓第三世界國家可以有足夠的疫苗來抗疫。

那些被美國牽着鼻子走的所謂民主國家，如印度、拉美國家，長期都是低度開發，貪腐遍地，是政治學

教科書典型的「失敗國家」，空有民主之名，卻無法擺脫貧窮的漩渦，成為美國霸權的佈景板。只有在全球「新常識」宣言的推動下，幡然醒悟，尋找新的發展路徑，才可以進入國家發展的正途。

全球權力格局重組新趨勢

　　烏克蘭戰爭帶來全球權力格局的重組。美俄兩國重燃冷戰對峙的局面，也導致全球供應鏈的大混亂。以美國為首的西方祭出制裁措施，與俄羅斯的反制裁手段對着幹，戰爭所帶來的禍害不僅危害烏克蘭人民，也遺害全球。特別是中國也「躺槍」，被西方某些政客藉機攻擊，要「一竹竿打沉中俄一船人」。在眾聲喧嘩的相互責罵中，全球的權力格局正在悄悄地出現微妙的變化。

　　首先是西方長期鼓吹資本主義財產權，一夕崩塌。從美國到瑞士銀行的俄羅斯資金都被凍結與沒收。這暴露了西方自由民主主義的基本假設與價值綱領都蕩然無存，顯示了短期的政治利益凌駕產權不可侵犯的永恆道德原則。美國主導的銀行結算系統 SWIFT 將俄羅斯、白俄羅斯等國排斥在外，等於是將全球化金融工具「武器化」，導致強大反撲。

　　在美國脅迫全球各國制裁俄羅斯之際，大部份國家拒絕隨之起舞，如東盟十國，除新加坡外，都宣告

不會跟隨美國的腳步。當中有些國家都譴責俄羅斯入侵烏克蘭，但認為美國式的制裁於事無補，反而會帶來自己國家人民的痛苦。如巴西就指出，制裁俄羅斯的化肥，會讓全球的糧食安全出現危險，不應如此魯莽。

這也導致全球很多國家都在探索一個「非美」系統，不要被美國所限定的生態圈所局限，不要將自己國家的財富放在美債，不要依靠美元來從事一切的交易，不要被美國來定義自己的存在，避免一旦風雲變色，華府翻臉比翻書還快，會帶來難以估量的損失。

這導致「去美元化」的趨勢，成為難以逆轉的力量。二戰以來的美元價值早已與黃金脫鈎，它可以成為全球的硬通貨，完全是靠美國強大國力所建立的公信力。如今拜登將美元的公信力破壞無遺，只要白宮看你不順眼，就可以將你的美元資產凍結與沒收。這對全球富人來說是晴天霹靂。為求自保，很多國家與個人都會尋求另外的財富儲存出路，超越美元的窠臼，分散投資，才可以獲得真正的「財務自由」，避免被政治損害經濟。

同時，在美國制裁與高度政治化的歪風下，出現

了「倒逼效應」。中國與很多的第三世界國家都面對新的壓力，不能自由自在的在全球化的草原上馳騁，而是要痛定思痛，建立自己的生態圈；遠離臉書、推特等社交媒體。俄羅斯有自己的 VK，可以與臉書在國際上爭一日之長短。中國的企業也在華為被抵制之後，研究發展自己的產業鏈，避免被全面卡脖子。儘管華為手機業務受到影響，導致華為的營收降了近三成，但淨利潤增加了七成多。

華為就是中國企業的縮影，當某些業務被美國制裁，或是面對高關稅突然襲來，都會刺激中國人的應變機制，迂迴的或是另闢蹊徑，尋找新的路徑，反而煥發創新的動力。中國最近在企業的創新能力上，都明顯加強，超越高科技應用的領域，而是更加深入到整個供應鏈的每一個環節的創新，探索騰籠換鳥，切換賽道，不要在原來的「紅海」中糾纏，而是另闢一片「藍海」，發現有更多的機會從水平線上升起，只要奮勇前進，就會豁然開朗，抓到過去所沒有看見的機緣。

人民幣國際化與人民幣電子化，就是一個典型的例子。過去人民幣在國際市場上所佔的份額太小，無

足輕重。由於沒有開放自由兌換，人民幣難以在國際上與美元爭一日之長短。但如今美國自斷一臂，將美元武器化，引起全球警惕。從沙特阿拉伯開始，在石油市場與中國用人民幣交易，而俄羅斯與中國的能源出口和龐大貿易都用人民幣與盧布本幣結算，預料越來越多國家會步後塵，踏上「去美元化」的道路。中國早就看到這方面的發展，推出與美國 SWIFT 系統相抗衡的 CIPS 系統，避免被美國壟斷的平台綁架。人民幣的電子化更開創「換道超車」的可能性，從本國開始，在國際推廣。

這是一個新趨勢。西方將一些國際遊戲規則自行打破，以此向俄羅斯和中國施壓，卻形成「迴力鏢效應」（Boomerang Effect），反過來讓自己系統出現裂痕。西方全方位制裁俄羅斯，甚至要求俄國藝術家、運動員譴責普京，否則就予以制裁，連在德國工作的俄羅斯音樂家都被波及。這其實是一種「自我鐵幕化」，將政治上的爭議無限上綱到其他領域。這引起了強烈反彈，各方選擇改變賽道，在另外的軌跡發展，這導致全球化供應鏈與人才鏈的變動。世界不再是平的，而是斷裂成不同的形狀，千迴百轉，無法回到過去暢

順的全球化大循環。中國早有先見之明，重視開發自己的「內循環」，處變不驚，莊敬自強，不用仰賴「外循環」，但力求開放，不會回到鎖國閉關的時代。

英美對華政策的內部矛盾

　　英美對華政策正在民粹與現實主義之間擺盪，最新的跡象顯示，從拜登到約翰遜，美英兩國都對中國進入一個新的戰略模糊階段。一方面表示要競爭對抗，但另一方面又釋放以和為貴的訊息，強調互助合作的需要，折射出英美內部的矛盾，要在民粹的洪流中打起反華旗幟，但在現實主義的算計上，又要避免與北京的緊張關係升高，進退維谷，前言不對後語，形成美式英文所說的「Catch 22」的局面。

　　拜登總統最近就露了一手，他被問到台灣一旦遇到中國大陸攻擊時，美國有甚麼反應？他回答得很乾脆，說美國有協防台灣的承諾，但不旋踵間，白宮翌日就透過發言人表示，美國對台政策沒有改變，總統的言論並不是表示要在這方面有所改變。不到二十四小時，從斬釘截鐵到雲淡風輕，顯示美國對台海兩岸的戰略，正越來越顯得模糊。

　　同樣的，英國首相約翰遜表示：「我不是一個反華的人。」強調「我沒有中國恐懼症，絕對沒有」。

他並且表示：「中國是一個偉大的國家；中國是一個偉大的文明。」約翰遜對中國拍足馬屁，但英國媒體評論指出，恰恰是在約翰遜任期內，英國扼殺了華為的 5G 投資，並派出新建的航母「伊麗莎白」號到南海與東亞巡弋，挑戰中國。

從拜登到約翰遜都顯示兩國領袖的特色，在內政上將「抹黑中國」當成民粹的祭品，口號喊得震天價響，但骨子裏為了國家的現實利益，還是要與中國搞好關係。尤其最近全球供應鏈緊張，英美兩國超級市場都非常缺貨，貨架上空空如也，讓民眾面對一個「最寒冷冬天」的陰影，而中國恰恰是全球工廠，抗疫成功冠全球，足以提供西方極為需要的物品，也使得北京在外交上底氣十足。

但美國在內部要面對民粹主義的狂飆。這些白人保守主義都不斷在全球尋找敵人，他們視中國為洪水猛獸，將美國內部的一切問題都歸咎於中國崛起，包括失控的疫情、經濟的下滑，乃至最近供應鏈短缺等。總之，中國成為美國社會一個「被鞭打的孩子」（A Whipping Child），代人受過，能消美國萬古愁，是最佳的靶子。

弔詭的是，這個靶子又是美國的救命草。如果中國真的和美國脫鈎，不准任何貨品銷往美國，不許任何美國企業進入中國市場，美國所承受的痛苦會遠遠大於中國。為甚麼？因為中國早就發展「內循環」，很多商品都可以自給自足，不假外求，而美國則沒有這樣的能力。君不見最近開始的中國「雙十一」光棍節已經如火如荼，估計消費額會創下歷史新高，顯示疫情之後的「報復性消費」，而有關的物品都是國貨為主，年輕一代以消費「國潮」而自豪。

反觀美國，還在為通脹颷升而發愁。疫情高潮時，加州長堤海岸，密密麻麻地停滿來自中國的大型集裝箱船隻，但碼頭工人嚴重短缺，疫情下，很多工人不願意開工。在佛羅里達州，由於垃圾工人短缺，很多社區垃圾一度堆滿街頭超過一個星期，臭氣沖天，民怨四起。中美兩相比較，就可以看懂到底是誰靠誰了。

英國方面，對華政策閃縮，從香港到新疆問題都在消費中國，用來鞏固保守黨的民粹選票，但英國的經濟學家早就發現中國在 5G 與網絡人工智能等的優勢，若倫敦繼續拒絕，就會拖慢英國的現代化進程。倫敦市民來到香港和中國內地城市，才赫然發現，原來地

鐵車廂內可以打手機，而在倫敦，這是不可能的殘酷事實。其實如果由華為出馬，參與改革這個百多年歷史的老舊地鐵的通訊，幾個月就可以搞定。但英國當局老是把華為妖魔化，說牽涉國家安全，而英國公司又沒有能力自己解決，只有徒呼負負，眼看英國淪為一個第三世界國家。

因而約翰遜政府痛定思痛，還是要回歸英國的務實精神（Pragmatism），加強吸引中國新一波投資與經濟交流，引進中國在高新科技方面的最新成就，不能再在過去傲慢與偏見的眼光下看中國，最後只有啞巴吃黃連，有苦自己知。

中國的應變之道，就是掌握自己內循環的力度，按自己的節奏發展，不懼英美變幻莫測的政策，避免被英美牽着鼻子走，不以外循環之迅猛而喜，不以外循環之裂變而悲。北京面對政治經濟的變局，莊敬自強，處變不驚，慎謀能斷，背後就是有內循環的底氣，有強大國家競爭力的底蘊。

必須看到當前英美在民粹與現實主義之間的擺盪，會越來越常態化，這不是兩國領袖個人的意志所能轉移的。背後是英美國內部落主義的興起，民粹的聲音

成為主旋律，國家陷入嚴重的撕裂。有這樣的內政，就有這樣的外交。外交就是內政的延長，這是千古不移的政治定律。

灰犀牛結合黑天鵝的危機

二零二二年悄悄地來了，不帶來樂觀的雲彩，卻帶來悲觀的陰影？這是不少人在新一波疫情爆發後的焦慮，覺得新一年有更多的陷阱，從疫情到政情的變幻都難以掌握。但更深一層的憂慮，卻是灰犀牛與黑天鵝的結合，會帶來世局更危險的未來。

灰犀牛的比喻，即生命中會遇到充滿威脅性的龐然巨物，就在視野之內，但大家掉以輕心，結果最後還是橫衝過來，讓你無可逃避，這是學者對人類行為的分析，發現這樣的人性弱點，必須加以警惕。

另一個比喻則是黑天鵝，學者發現人類常常以為天鵝都是白色的，但其實在澳洲有些天鵝是黑色的，打破了刻板印象，也打破了人們對某些事物的預期，事發時手足無措，不知何以應對。

綜觀二零二二年世局，隱藏灰犀牛結合黑天鵝的危機，從台海局勢惡化、歐美疫情失控，到烏克蘭與俄羅斯的戰火邊緣都全球矚目，像灰犀牛一樣，但黑天鵝的內因也在發酵，卻未受關注，一環扣一環，尤其是美國

內部形勢兇險，暗藏巨變的伏筆。

美國的內部撕裂，再加上疫情的惡化，量變到質變，是否會形成政治上的突變？越來越多美國人相信，第二次內戰是不可避免。內戰的爆發，在全球普遍崇拜美國政治制度的氛圍中，是一隻不折不扣的黑天鵝。若美國依循當今的軌道發展，勢將成為一個徹底撕裂的國家。這不僅是美國的災難，還將是全球的災難。

因為美國內部的裂痕，很容易惡化為武裝衝突。由於美國現在民間儲存的槍械上升到歷史新高，三億多的人口，平均每個人都有一點二把槍，一旦爆發武鬥，美國人打美國人，是血流成河的悲劇。

一旦美國內部出現難以彌補的裂痕，很容易激發美國當權派發動對外戰爭，台海與烏克蘭都是高危地區，成為白宮海外用兵的必然選項，美國總統就可以掀起愛國主義來團結美國人，要槍口一致對外，打擊中俄兩國。這是華府一舉兩得策略，可以連消帶打，化解內部的壓力，凝聚民心。

歷史上，美國的內政與外交有一種微妙的聯動性，以對外的軍事冒險，來拯救內部分裂的危局。這是美國屢試不爽的伎倆。從一戰到二戰，華府都是透過對外戰

爭來團結內部，消解種種的挑戰。

　　美國的策略往往是先將自己打扮成弱者，說是被攻擊蹂躪，不得不挺身反擊。一八九八年的美西戰爭，就是說美國軍艦被攻擊，美國悍然宣戰，佔取了西班牙在美洲的殖民地，割讓關島和波多黎各。一九六四年的東京灣（北部灣）事件，美國也是說北越襲擊美國軍艦，因而反擊，從而爆發越戰。甚至軍事史家質疑一九四一年珍珠港事件，也是羅斯福總統的苦肉計，引蛇出洞，故意將航母調出海，讓老舊艦艇被攻擊，掀起美國內部民憤，對日本與納粹等國宣戰，改變了美國歷史軌跡。

　　如今國際學界也有這樣的「陰謀論」憂慮，深恐美國誘惑北京出兵攻打台灣，美國藉此大舉進攻中國，毀滅中國崛起的一切，消除心腹大患。

　　中國是否可以有「戰略定力」，不輕舉妄動，不會草率對台用兵，而是要有一種全盤計劃，在軍事上要深謀遠慮，在政治上要與之配套，不打無把握之仗。

　　美國疫情歷經最危險的時刻，觸目驚心，而死亡人數超過一百萬。《紐約時報》警告，美國要面對全國每個人都會感染的可能性。在疫情大面積爆發下，美國很多意見領袖還在幻想美國會達到「群體免疫」的春秋大

夢，認為越多人感染越好。他們的論據是一九一八年西班牙流感，也是在五千萬人死亡後，才慢慢消失。但這樣的論據卻是以老百姓為芻狗，而誰要先死，則是有階級之別，也有種族之分。窮人往往死得更多，少數民族更沒有保障。這等於是一場社會的大清洗，讓美國的底層與黑人都更快進入死亡國度。但這公平嗎？這是民主嗎？

美國民主制度的崩解，也將是灰犀牛與黑天鵝結合的危機。由於疫情暴露了美國民主實踐的偽善，以犧牲底層利益為代價，結果造成了美國社會進一步的撕裂。民主黨內部的左翼對此就非常不滿，黨內的前總統參選人桑德斯（Bernie Sanders）就警告說，民主黨作為美國社會爭取正義的良心，不能再在政治的博弈中出賣窮人的利益，不能出賣少數族裔的權利。

在當前的政治氛圍中，共和黨重奪國會的多數已經難以逆轉，拜登勢將成為跛腳政府。在深重的內政危機中，拜登政府可能會訴諸外部戰爭，來化解內部壓力，用遠方的炮火，來解決身邊的矛盾。政治的「真理」就在導彈射程之內。這是灰犀牛與黑天鵝共同奏起的悲歌，也是全球要警惕的悲劇。

德先生‧賽先生‧鴕鳥主義

　　百餘年前，中國知識界風起雲湧的五四運動，關鍵詞是德先生（Democracy）、賽先生（Science），強調中國只要擁有民主與科學就可以走上現代化國家的道路。但一個多世紀後，世界史卻面對一個奇特現象，不少曾被很多中國人艷羨的西方民主國家，卻不承認科學的理性，轉而乞靈意識形態的力量，在面對全球疫情肆虐的時刻，不用科學解決問題，而是耽於政治化的解釋，抗疫成為一場思想內戰，不知伊於胡底。

　　二零二二年，加拿大的卡車司機堵路事件就是重要例子。一些加拿大司機不滿政府規定，司機要接種新冠疫苗，才能穿越美加國境，他們透過網絡動員，奔往首都渥太華，在國會前堵路，聲稱要癱瘓加拿大政府，並且還堵住連結美國底特律通往加國溫莎的動脈——大使橋（Ambassador Bridge），讓美加四分之一商品貿易受阻。

　　這次風波的背後，就是流行在北美的保守派力量，反對新冠疫苗，反對強制性戴口罩，認為這是違反人

權，強調「我的身體我做主」，政府無權干預。這些卡車司機的主張一呼百應，掀起風潮，而背後也有很多美國右派勢力捐款支持，美國前總統特朗普也公開力撐這些卡車司機，認為他們是勇士，打破加拿大杜魯多政府的專制枷鎖。美國、法國、比利時、新西蘭等國也有卡車司機與民眾支援，比利時司機甚至要開到布魯塞爾的歐盟總部抗議。

加拿大政府已經宣佈，全國進入緊急狀態，防止事件惡化，但風波的背後其實反映了民主國家內部的深層危機，就是越來越多的政治力量，將抗疫問題政治化，上綱上線，將口罩與疫苗妖魔化，將抗疫的基本動作抹黑為違反人權，等於將社會的抗疫防線自我破壞，自毀長城。特朗普和他的同黨是始作俑者，但這股民主國家內部反科學的逆流似乎還是方興未艾，繼續延燒，成為歐美國家的危機。

迄今歐美抗疫的成績單都是不忍卒睹。美國的染疫死亡人數已經一百多萬，觸目驚心，而英國的染疫死亡人數也高達十六萬，讓不少移民英國的香港人陷入死亡的陰影。

但諷刺地，在死亡的陰影下，西方社會卻充滿了

鴕鳥心態，很多政客認為強迫打疫苗、強制戴口罩不可接受，要奮起反抗，並指責這是自由派陰謀。將本來是科學的問題，轉化為宗教與政治信仰的問題，混淆視聽，誤導民眾。

德先生不再相信賽先生，是西方文明的危機，顯示理性的力量要讓位給玄學，被意識形態的力量所左右。加拿大的卡車司機示威在西方國家蔓延，反映西方民主發展陷入新的思想風暴，撕裂整個社會，陰謀論充斥，光怪陸離。

尤其在社交媒體的奇特生態下，以系統性的陰謀論為支撐點的假新聞，成為很多人堅信不移的「真理」。同一圈層的民眾彼此相濡以沫，構成「同音壁」（Echo Chamber），讓身處其間的網民被這樣的「信息繭」（Information Cocoon）所限制，坐井觀天，以為自己的視野就是全世界，摒棄了科學認知，而以某些民粹領袖的言論為圭臬，走向自欺欺人之路。

特朗普的勢力，在這場風暴中扮演了重要角色。他倡導的社交媒體與網絡勢力，在華爾街的投資中交投旺盛，吸引了全球的支持者，一些IT界名流，如彼得‧泰爾（Peter Thiel）等都在背後出謀劃策，將資本

與高新科技結合，為右派的政治理念搖旗吶喊，贏得華爾街的青睞。

不過，這都顯示美國社會正在走向部落主義的狂歡中，極端勢力正在不同價值光譜中發酵，改變了政治生態。從自由派到保守派，從民主黨到共和黨都被極端主義綁架，而抗疫對策被泛政治化，再也無法回歸理性的討論，而是被狂飆的激情所左右，變成了一頭又一頭的鴕鳥，埋在社交媒體的沙堆中，假裝對死亡看不見，還不斷砌詞「理由化」，說死得越多，染疫越多，就會達致群體免疫，但到目前為止，還看不到黑暗隧道的盡頭。事實上，無論爭辯的言論如何激烈，部落之間的殺伐之聲如何高漲，但最後的驗證指標是染疫死亡的數字。

死亡是永遠不能忘記的。這是繞不開的客觀指標，見證了西方抗疫的失敗，也見證了德先生不再相信賽先生的惡果。未來歷史學家會追問，為何這一代美國人不能阻止一百萬新冠病人死亡，為何會有那麼多的西方精英與民眾堅拒接種疫苗、堅拒戴口罩。這是二十一世紀「大失敗」的開始，民主政治的機制阻止不了抗疫鴕鳥主義盛行，眼睜睜地看着死神在微笑，

卻提倡「與病毒共存」，等於與死亡共眠，讓理性與科學的西方文明傳統崩塌。這是賽先生的悲鳴，也是德先生的悲哀。

烏戰反思

美國與俄羅斯的地緣心結

美國勢力對俄羅斯的滲透顛覆，其實已經有百多年歷史，成為後來冷戰的根源，也導致今天俄羅斯的高度警戒，不容美國怪手再插進來。

一九一七年，俄羅斯爆發布爾什維克革命，推翻沙皇，但美國與西歐國家卻恐懼共產黨的紅潮蔓延，派兵干預。美國三三九步兵軍團翌年曾經長驅直入，駐紮在俄羅斯的領土上，力圖阻止蘇維埃政權的建立。但蘇共後來獲得大部份民意支持，紅軍與美國入侵的軍隊衝突，美軍最終不敵，但仍然糾纏不休。儘管蘇聯革命政府在一九一七年成立，但華盛頓要遲至一九三三年才正式承認莫斯科。

這也在蘇聯人民的心中留下負面的印記。赫魯曉夫後來與美國副總統尼克遜互相抬槓，辯論美蘇制度誰更好的時候，曾經直率的指出，美國的軍隊曾踏進俄羅斯的土地上，而蘇聯的軍隊從來沒有踏足美國的土地上；兩者誰對誰錯，昭然若揭。

日前美俄雙方在瑞士日內瓦舉行外交談判，討論

雙方如何在烏克蘭危機中降溫。美國要求莫斯科保證不會進攻烏克蘭，不會部署重兵在烏克蘭邊境，威脅烏克蘭的安全；俄方則要求美國要確保烏克蘭與格魯吉亞不會加入北約，也不容許美國在俄國的邊境部署導彈與核子武器。

美國認為俄羅斯的要求不合理，但俄方反駁的論據就是：美國不會容許任何大國在美國邊境部署導彈，也不會讓美國的「後院」出現對美國軍事威脅的部署。

其實這些外交上的唇槍舌劍都蘊含歷史的脈絡。一九六二年美國總統甘迺迪與蘇聯領袖赫魯曉夫就為蘇聯導彈運送到古巴而爆發雙方大戰的危機，最後還是各讓一步，美國從蘇聯鄰國的土耳其撤走了導彈設施，而蘇聯也撤走了在古巴的導彈基地。這是世界史的關鍵時刻，如果雙方當時沒有互相忍讓，那麼就會爆發核子戰爭，最後甚至可能演變為第三次世界大戰。但恰恰是當時美蘇兩位領袖懸崖勒馬，一念之差，避免兵連禍結的悲劇。

但美國在蘇聯解體之後，就對俄羅斯步步緊迫，北約一直東擴，不僅蠶食很多過去的緩衝地帶，最後還瞄準烏克蘭、格魯吉亞等，讓莫斯科寢食難安。但

俄羅斯也不是省油的燈，反而是借力打力，在各大戰線上與美國攤牌，俄羅斯的籌碼就是散居在各大前加盟共和國境內的俄羅斯人，他們心向莫斯科，都希望能夠重建昔日蘇聯的榮光。二零一四年，普京就是利用烏克蘭內部的俄羅斯族群力量，重新奪回克里米亞。由於俄羅斯的行動迅速，又有當地的民意支持，奧巴馬政府就非常被動，啞巴吃黃連，眼看烏克蘭的一塊重要領土被奪走。自此之後，華盛頓就對烏克蘭的安全問題極為擔心，憂慮俄羅斯會重施故伎。

這次哈薩克的動亂，背後都有美國導演顏色革命的影子。目前哈薩克內部共有兩萬多家非政府組織（NGO），大都與美國的基金會有關，而俄羅斯認為這都是美國中央情報局的外圍機構，可以在內部成為特洛伊木馬，上演「木馬屠城記」。

但俄羅斯的情報單位也在「諜對諜」遊戲中，發揮重要作用，洞悉美國的意圖，在關鍵時刻，動員強大的傘兵力量空降，同時透過獨聯體「集體安全條約組織」（Collective Security Treaty Organization, CSTO）出兵維持秩序，避免局面失控。儘管哈薩克警察被暴徒斬首，場面血腥，但後來當局彈壓也毫不留情，終於

敉平這場政變。

　　美俄在地緣政治上的鬥爭，還沒有完結。誰勝誰負，還在於國力的比拼，也在於中國的因素。北京對美國在鄰近新疆的哈薩克的滲透極為警惕，深恐禍水東流至新疆，威脅中國國家安全。同時中國的能源供應也非常仰賴哈薩克，不容能源供應鏈被截斷。北京對於俄羅斯的出兵予以支持，就是防止美國勢力進入，損害中國國家安全。

　　這也導致中俄的戰略關係更形密切。美國在全球的大棋盤上，要面對中俄的密切聯手，若再加上中亞的伊朗則是美國的夢魘。這正是當年美國的國家安全顧問布熱津斯基（Zbigniew Brzezinski）所警告的局面。

　　基辛格更早時就警告，中美蘇關係是一個不等邊的三角形，兩邊之和肯定大於第三邊。美俄的地緣心結越來越深，也推動中俄的戰略關係更上一個台階。

呼喚中國調停烏戰的契機

　　在烏戰進入第十天之後，國際上出現越來越多的聲音，希望中國能夠出面調停，避免戰禍綿延。中國外長王毅二零二二年三月七日在北京兩會的記者會上，回應俄烏局勢時表示，願意必要時斡旋。王毅較早前也和烏克蘭外長通電話，關注烏克蘭局勢惡化，強調尊重烏克蘭的主權獨立。北京對於烏戰保持中立的態度，沒有一面倒向莫斯科，強調尊重烏克蘭的領土完整，對國際社會發出重要訊號，中國在這次戰爭中不是俄羅斯的同盟國，可以站在一個更加客觀、更有公信力的位置，消弭戰火，還歐洲一個和平的春天。

　　三月八日，中國國家主席習近平和法國總統馬克龍與德國總理朔爾茨舉行三國領導人的視像會議，討論烏克蘭局勢，認為要推動和平談判，不要讓衝突升高，防止大規模的人道主義危機。這都顯示中國關注這次「遠方的戰爭」所帶來的全球衝擊，而中國作為一個「負責任的大國」，也面對時代的呼喚，要肩負調停重任。

調停如果成功，這將是中國外交的重大勝利，既可以化解國際上近年來對中國的負評，展示中國的巧實力，為各國所尊重。西方輿論近來瀰漫新冷戰的論述，認為中俄結盟退回「鐵幕」，與西方對抗。王毅在兩會記者會上對於中俄關係的本質作出重要的澄清，指出中俄關係具有獨立自主價值，建立在不結盟、不對抗、不針對第三方的基礎上，更不受第三方干擾和挑撥。

　　對於烏克蘭局勢，王毅認為「冰凍三尺，非一日之寒」。北京認為要針對其中的是非曲直，抽絲剝繭。國際需要冷靜與理性，而不是火上澆油，激化矛盾。對於中歐關係，王毅強調與中俄關係完全是兩個問題，中歐關係不針對、不依附，也不受制於第三方。

　　正是這方面的超然性，是否可以使得中國在外交舞台上有更多的空間，可以揮灑自如？「中國如果扮演魯仲連」角色，是否美國不能在國際上再對中國橫加施壓，作出種種無端的指責？毫無疑問，調停的過程也使北京的國際「朋友圈」擴大，用實際的行動，打破冷戰的思維，也讓美國從特朗普到拜登的仇中戰略，像鐵拳打到棉花，無所着力。

　　事實上，王毅在記者會上談到中美關係時，指出美

國仍不遺餘力對中國展開零和博弈式的「激烈競爭」，不斷在涉及中方核心利益的問題上攻擊挑事，損害兩國關係大局。他認為中美雙方應重拾融冰初心，重整行裝出發，用相互尊重、和平共處、合作共贏的「三原則」，代替競爭、合作、對抗的「三分法」，推動美國對華政策重回理性務實的正軌。由於此時正是美國新任駐華大使伯恩斯（Nicholas Burns）抵達北京履新，也需要新的思路來重建中美關係。

新的思路在烏克蘭炮火響起後就開始了。美國國務卿在俄軍進入烏克蘭境內的時刻就立馬與王毅聯繫，開場白就是恭喜北京冬奧舉辦成功（一點也沒有為華府外交抵制北京冬奧而感到尷尬）。這顯示美國需要中國，在烏克蘭問題上對俄羅斯施加影響力。

不過中國若擔任「和事佬」，需要慎防種種陷阱，不要兩邊不討好，變成了豬八戒照鏡子，兩邊不是人。北京仍然堅持不承認克里米亞的主權屬於俄羅斯，也不承認莫斯科宣佈對烏東兩個州獨立的主張。但另一方面，對於烏克蘭內部的新納粹問題，北京需要加以譴責，對於未來烏克蘭被俄軍所控制的領土的歸屬，以及莫斯科如果在烏克蘭扶植政權，北京如何表態，

也受各方關注。

　　北京若不承認俄國在烏克蘭領土上的主權，也會被提出與台灣問題比較。不過王毅強調，台灣問題與烏克蘭問題有着本質區別，沒有任何可比性，指出最根本不同在於，台灣是中國領土不可分割的一部份；台灣問題完全是中國的內政。但國際上仍然會拿台灣問題與烏克蘭問題來說事，對北京形成各種的壓力。

　　中國參與斡旋烏戰，勢將展示中國多邊主義的論述與實踐，不但打破了美國單邊主義的霸權，也對俄羅斯進軍烏克蘭的行為加以抑制，強調必須透過談判來解決紛爭。由於俄羅斯在面對西方強大的制裁時，亟需中國的支援，而歐洲在制裁下通貨膨脹飆升之際，更渴望中國介入，美國也看到中國的獨特角色，可以化解俄羅斯軍事上的壓力。中國成為一個「被需要的權力」，讓北京調停成為外交黑夜中的曙光。

　　這當然也有利中國的「一帶一路」。一個多世紀前的第一次世界大戰，中國十四萬華工參與戰壕挖掘；今天，中國卻可以在國際舞台上建立和平的橋樑，迎來歐洲的和平，也爭取全球免於戰禍蔓延的自由與權利。

烏克蘭戰火不熄的興奮劑

　　烏克蘭的戰火無法短期內熄滅，勢將進入持久戰，在短期內看不到結束的可能。這成為大國政治的一個死結，因為背後有太多的利益糾纏，一旦戰爭偃旗息鼓，就會動到很多人的奶酪，損害了很多人的利益。

　　西方領袖四月間紛紛訪問基輔，從歐盟領袖、德國前防長馮德萊恩到英國首相約翰遜，都飛往這個俄軍剛剛撤退後的烏克蘭首都與總統澤連斯基會談。西方的軍火也源源不斷的送達。眼下的戰況，轉移到烏克蘭東部，俄軍與烏克蘭部隊勢將爆發一場大戰，決定烏戰的未來。

　　烏戰成為西方內部政治的一個興奮劑，牽涉龐大的利益鏈條。美國的軍工企業在這次戰爭中，股票飆升成為龐大利潤的來源。烏克蘭軍隊所使用的肩射導彈、無人機等，都在對付俄軍的坦克時展示奇效，也使得這些軍工企業名聲大振，名利兼收。

　　深入調查發現，美國的軍工企業還有一些不為人知的「秘密武器」，就是專門從事「認知作戰」的大

數據操控。如雷多斯（Leidos）公司，專門做媒體「第四權」網絡優化計劃，獲得美國當局的巨額合同。另一家公司 CACI 從事網絡安全，獲得美國國防的合同。它們的股票最近也水漲船高，顯示烏戰帶來龐大利潤。

　　這其實只是冰山一角，當年美國總統艾森豪就警告說，美國政治會被「軍工綜合體」（Military-Industrial Complex）所控制。這位二戰時領導盟軍登陸諾曼第的統帥，曉得戰爭機器背後的銀彈，是威力強大的無形炮火，會毀掉一個國家，甚至毀滅世界。所以他語重心長的警告，美國的外交政策不要被軍工企業所綁架。

　　但在艾森豪去世後的大半個世紀，美國政治已經徹底被金權政治所綁架。由於大法官的判決，美國政治的選舉獻金沒有上限，今天美國要選一個議員，經費都是數以億計的美元。這都依仗背後的金主，而一旦當選，政客就要還政治債，要將很多的好處回報給金主。這形成了大財團與特殊的利益團體成為政治的幕後主人，而軍工企業的政治獻金更是關鍵，結果議員與總統往往只是金主的工具與傀儡而已。

　　拜登今年中期選舉，本來就不看好，但如今他靠烏戰的勢頭，期望可以獲得更多民意的支持，將內部

種種問題「外部化」（Externalization），也就是一切都歸罪普京，說他是罪惡的淵藪，是一切痛苦的來源。在一個民粹政治的氛圍中，這一招已經成為政客的標準動作。民主黨的論述就是激發社會內部的反俄意識，並且將矛頭指向共和黨，指出特朗普政府與普京多年以來勾結，處處為普京緩頰與說項，只有靠拜登出馬，才可以頂住俄羅斯侵犯烏克蘭的邪惡力量。

這也是特朗普政府的軟肋。僅僅是兩年多前，特朗普任內還強調北約早就應該解散，認為這簡直是浪費了美國納稅人的錢，這說法也獲得法國總統馬克龍的肯定，說北約早就「腦死」。如今北約成為歐洲反俄羅斯的靈魂，呼喚歐洲人民對抗外敵入侵，喚起了二戰納粹德國鐵蹄蹂躪歐洲的記憶；普京被喻為希特勒，是一個惡魔，要全球封殺制裁。

歐洲一些國家也搭上烏戰的戰車，開往選舉的驛站。馬克龍也在選戰中展現他參與斡旋烏戰的努力。但他的對手勒龐卻指出他在浪費法國的資源，徒勞無功，不過，關鍵還在於美國的地緣政治大棋局，要借烏戰將俄羅斯掏空，讓俄羅斯陷入戰爭的泥淖，難以自拔。

但這樣的算盤卻不見得打響。因為俄羅斯面對西方的制裁，一報還一報，要求所有「敵對國家」購買俄羅斯能源產品時都要使用盧布支付，不能再用美元與歐元。由於歐洲的天然氣、石油都高度依賴俄羅斯，一旦全面棄用，就會使得內部通貨膨脹飆升。現在歐美諸國的商品價格已經不斷上升，百姓苦不堪言。事實上，俄羅斯還沒動用它的殺手鐧，因為全球的貴金屬與糧食，不少都來自俄羅斯，若俄國進一步要求全部用盧布，則歐洲國家很難不俯首稱臣。怪不得近日盧布匯價已經飆升，超過戰前的水平，反映了市場的剛需。

　　事實上，西方的石油公司也被揭發巧立名目，秘購俄羅斯石油，摻雜到其他品牌，在制裁聲中賺取龐大的利潤。殼牌石油公司的操作，引起了全球關注。但不少國家都認為，為了自己的國家利益與企業利益，政治不要干預市場。就正如波士頓馬拉松要杯葛俄羅斯與白俄羅斯的選手，為人詬病，指出這是無限上綱，不得人心。

　　更不得人心是美國政治的決定背後，被軍工企業的特殊利益所左右，烏戰變成一場發戰爭財的機會。

可憐烏克蘭人民成為受害者。怪不得軍火商被罵是「死亡商人」，在死亡痛苦中收割暴利，逃不過人民雪亮的眼睛與歷史的審判。

單邊主義與烏克蘭危機

烏克蘭危機就像一齣連續劇,每天的劇情都峰迴路轉,最後要推向軍事攤牌的高潮。可以肯定的是,這是歐洲的悲劇,也是烏克蘭的悲劇,而背後是美國在地緣政治上的誤判。

悲劇的誕生源於美國單邊主義,認為在蘇聯解體之後,美國是世界單強,一切都應該由華府指揮,認為俄羅斯已經淪為一個二三流的國家,經濟實力還比不上一個加州,對莫斯科的核心利益視而不見,覺得可以忽悠對方,一切都只是一場訛詐,「演很大」,但到最後,卻赫然發現俄羅斯可能是玩真的,要兵戎相見。

從俄羅斯的眼光來看,冷戰結束後,美國一直玩弄俄羅斯,不再信守昔日蘇聯解體前對戈爾巴喬夫、葉利欽等人提出「北約絕不東擴一吋」的諾言,將過去蘇聯的緩衝地帶——波蘭、匈牙利等國收歸北約,若一旦讓俄羅斯最敏感的烏克蘭也加入北約可以部署導彈,從烏克蘭首都基輔,導彈幾分鐘就能打到莫斯

科，等於是用刀架在俄羅斯的脖子上。

美國重要國安專家都指出，今天的烏克蘭危機是美國一手製造的。知名國際關係學者、寫過《大國政治的悲劇》一書的芝加哥大學教授米爾斯海默（John Mearsheimer）指出，美國歷任總統都低估蘇聯解體後的反彈力量，自我破壞了當年北約不東擴的諾言，結果創造了一個與美國對着幹的敵人。《紐約時報》專欄作家費里曼（Thomas Friedman）也認為，美國自己創造了一個烏克蘭危機，北約東擴造成俄羅斯內部民意強烈反彈，也使莫斯科在這個問題上與美國死啃，對歐洲國家帶來巨大的裂痕。

同時，一報還一報，俄羅斯也用當年古巴危機戰略來回報，計劃在美國後院的拉美國家部署導彈，包括古巴、委內瑞拉等國，讓美國也嚐嚐芒刺在背的不安。

關鍵是美國單邊主義政治的禍害，也是美國的誤判，將一個本來可以拉攏的朋友，刺激為一個危險的敵人。美國的決策者充滿了傲慢與偏見，組織北約東擴，最後就是要將俄羅斯團團圍住，讓莫斯科充滿危機感，只有拼死一搏，與美國攤牌，而烏克蘭就是俄

羅斯最後的防線。對俄羅斯來說，不能在烏克蘭的問題上讓步，因為退一步即無死所。

蘇聯解體後，莫斯科一度極力向西方靠攏，國內與歐洲很多力量都希望融入歐洲大家庭，而美國前總統克林頓還曾經忽悠莫斯科，説讓俄羅斯也加入北約，就是説，打破北約以俄羅斯為假想敵的基本假設。但北約東擴背後隱藏對莫斯科的敵意，成為一種「自我實現的預言」（Self-fulfilling Prophecy），製造了一個巨大的敵人。

儘管俄羅斯的經濟實力只是一個中型國家，但軍事上俄羅斯是全球第二，僅次於美國，並且俄羅斯是核武大國，擁有可以毀滅美國很多次的核子彈頭，因而美國在烏克蘭問題上，不希望與俄羅斯直接衝突，而是推動歐洲國家與俄羅斯博弈。事實上，自二戰以來，美蘇數度避免直接武裝對峙，防止一發不可收拾演變為核子戰爭。

不過歐洲國家也看穿美國的陽謀，不願意被當槍使，法國總統馬克龍就很積極在華府與莫斯科之間斡旋，推動美俄領袖面對面會談，期盼可以化解危機。

但烏克蘭的問題還是北約東擴的單邊主義，暴露

美國權力的傲慢，企圖強權壓倒俄羅斯的安全屏障。但普京在內部強大民意的支持下，敢於向北約説不，用槍炮來回應，他重施當年奪回克里米亞的故伎，搞突襲造成既成現實，而當地的民意，大部份是俄語民眾，都支持強大的俄羅斯，即便舉辦民意調查，普京也獲得民意的巨大支撐，因而他有恃無恐，必欲得之而後快。

美國沒有為了烏克蘭而與俄羅斯大打一戰的決心，但俄羅斯卻有不惜打一場核戰的底氣，兩相比較，美國正陷入進退維谷的窘境。

烏克蘭危機暴露美國單邊主義權力的邊界，北約東擴是嚴重錯誤，前倨後恭，對於武裝挑戰，虎頭蛇尾，無法打一場持久戰，也無法面對核戰威脅，與俄羅斯背城借一的底氣比較，對比強烈。

新冷戰與新熱戰邊緣危機

　　全球正進入一個新冷戰與新熱戰交織的危險季節。烏克蘭戰爭，乍看是新冷戰爆發，延伸冷戰的兩極化衝突，打破冷戰後美國單邊主義的格局，但危險的是，烏克蘭戰爭還可能上升為新熱戰，甚至蔓延至歐洲，就像一戰與二戰都是從歐洲開始，延伸到全球。歐洲的媒體都已經驚呼，警惕第三次世界大戰的危險。

　　拜登在波蘭之行中，「不小心」透露了美國的戰略意圖，就是要普京下台。他在一場看似即興的演說中說：「老天啊，這傢伙不能再掌權。」（For God's sake, this man cannot remain in power.）儘管後來國務卿布林肯等幕僚都「打圓場」，說拜登並沒有「要求普京立刻下台」，但越描越黑，拜登其實是說出了心裏話，就好像他較早前說普京是「戰犯」與「屠夫」一樣，都是自己真心所相信的，要將俄羅斯與普京視為頭號敵人，必欲去之而後快。這不僅是冷戰思維的再現，也是一場新熱戰的序幕與暖身。

　　歐美目前已經出現新的聲音，要組織一支國際的

「維和部隊」介入烏克蘭戰事。這和當年美國介入朝鮮半島的戰爭，都是用聯合國部隊的名義以便師出有名。美國媒體也在開始提醒拜登，要向當年發動韓戰的杜魯門總統學習。美國社會也有很多的聲音躍躍欲試，要乘機介入，募集志願軍，揚言揮兵進入俄羅斯，要徹頭徹尾的讓莫斯科變天。

西方這些好戰言論甚至認為，俄軍表現不濟，已有七位將軍陣亡，被毀坦克幾百輛，是名副其實的「紙老虎」，在俄軍戰況不利之際，西方武力「宜將剩勇追窮寇」，要全殲入侵的俄軍，不惜劍指莫斯科直搗黃龍。但這也勢將導致美俄軍力直接對決，最後俄羅斯很可能出動核子武器，爆發一場第三次世界大戰。

美國很多鍵盤俠的鷹派狂想，在於沒有歷史感。他們不曉得今日烏戰不同於七十多年前的朝鮮戰爭。昔日中華人民共和國是建國之初的政權，一窮二白，但憑着一股拼勁，沒有核武器，卻和美國大軍打成平手，美國子弟兵死了五萬多人，成為美國社會的最痛。如今若美國敢出兵烏克蘭，甚至想進入俄羅斯的國土內，就肯定會掀起核子戰爭。

這就是一種「想像不可想像的局面」（Thinking

the Unthinkable）。西方的鷹派如果以為可以趁機來軍事打擊俄羅斯，那麼一場新熱戰就會全面爆發，而戰火還會不斷擴大，不知伊於胡底。

　　從現實利益看，烏克蘭戰爭變成持久戰最符合美國利益。華爾街的軍工股票都在飆升，而美國的頁岩油與各種能源企業也都爆紅。美國呼籲歐洲要全面爭取棄用俄羅斯的能源，缺口就由美國產品來代替。也就是說，烏戰成為美國經濟最新的引擎，難怪美國國際關係學者都在懷疑烏克蘭危機其實是美國的陽謀，搞一場「請君入甕」，讓俄羅斯墮入其中，讓美國大發戰爭財，也藉此贏得國際道德高地，更藉此控制歐洲，讓它們在地緣政治的恐慌中，更為依附美國。

　　拜登政府的另一個盤算，就是利用烏克蘭危機作為今年選舉的「賣點」，宣傳美國敢於抗衡俄羅斯，挽救歐洲的自由與民主，發揚美國第一的精神，藉此打擊特朗普與俄羅斯修好，指責共和黨的總統與普京關係非比尋常。因而這場戰爭打得越久，對拜登越有利。

　　不過，拜登也要面對俄羅斯的「盧布大反擊」。普京宣佈，要求所有「不友善國家」若購買俄羅斯能

源與原材料，就要用盧布結算。這等於是反將了美國的軍，讓德國等歐洲國家不得不順從，也等於是讓美國的全球金融制裁破了功。

同時，印度的角色也在急速改變，王毅訪印度，爭取兩國關係破冰，不再糾纏於邊境領土的糾紛，而是要尋找另外的發展道路，不參與美國對俄羅斯的制裁。這等於是將美國所導演的「印太戰略」打了一巴掌，也使華府所發展的「四邊安全對話」（Quad——即美國、印度、澳洲、日本的戰略對話）不攻自破。

這都刺激了拜登政府要將烏克蘭戰爭升高，加強軍事援助，並且在電子戰與情報戰上提供更多的助力，讓俄國的部隊陷入泥淖。俄國的戰略意圖就是要確保烏東領土納入俄羅斯的版圖，並佔領南部的馬里烏波爾，奪得黑海的控制權，讓烏克蘭成為內陸國家，也可能效法當年韓戰最後變成南北韓分治，今後烏克蘭也將劃分為二，沿着轟伯河隔江而治。但這都是美國所難以接受的，而最後又只有纏戰不休，讓新熱戰不斷升高。

這也是烏克蘭的悲劇，人民死傷慘重，顛沛流離，逃到國外的難民估計高達三百萬人以上，而拜登說美

國只能接收十萬人。這是一齣還在發展的悲劇,在新冷戰與新熱戰交織的漩渦中,政客都在打響自己的權力算盤,但老百姓永遠是痛苦的輸家。

歐洲門羅主義發酵的效應

　　烏克蘭戰爭已經撕裂了歐洲。越來越多的歐洲國家都在表面的政治表態背後，錨定自己真正的國家利益，而不是被民粹左右，更不是被美國拖進無底洞的深淵，失去了歐洲的戰略自主性，也失去了歐洲自己的核心利益。

　　歐洲門羅主義的聲音就應運而生。也就是說，歐洲是歐洲人的歐洲，歐洲內部自己的矛盾由自己來擺平，而不是靠美國來說了算。這次烏戰爆發後，美國發動全球制裁也要求歐洲跟隨，但歐洲的能源供應約一半來自俄羅斯，若斷然制裁就等於是拿起石頭砸自己的腳。因而德國、奧地利、土耳其、保加利亞等國都已經表示，不會跟隨美國的指揮棒起舞。他們開始反思北約的角色，為何一個由美國領導的戰爭機器決定了歐洲的命運，為甚麼歐洲人自己不能解決歐洲人內部的糾紛，而非要讓美國來介入？

　　門羅主義來自十九世紀美國總統門羅（James Monroe）提出的外交主張，認為美洲是美洲人的美洲，

反對歐洲列強介入美洲事務，不許歐洲再來美洲殖民，避免損害美洲主權與人民福祉。今天歐洲人回顧這段歷史，對照當下歐洲的情況，就發現歐洲人需要自己的門羅主義，不容美國的長臂伸進歐洲，影響歐洲人的利益。

從制裁經濟學來看，美國其實是佔了大便宜。禁止歐洲各國從俄羅斯購買能源，改而購買美國價格貴好幾倍的頁岩油，是美國的如意算盤，卻損害了歐洲的利益，並且即便改購美國能源，也一時間難以銜接。德國的幾個智庫已經聯合起來發表報告，指出制裁俄羅斯的能源，會使德國的經濟重創，整個產業鏈都會受到損害，而 GDP 急降。

歷經選舉高潮的法國，無論是總統馬克龍還是勒龐，都對烏克蘭戰爭的問題高度警惕，避免損害法國的核心利益。這次選舉的特色就是極左與極右的勢力合起來，選民人數超過了五成，在第二輪的投票舉足輕重。而無論是極左還是極右，都是反美和反北約，也在法國的選民結構中帶來深遠的影響。

烏戰對歐洲最大的影響就是難民潮的出現，估計高達四百多萬人源源不絕地流向歐洲諸國，帶來財政

和社會的沉重負擔。德國年前湧現非洲難民潮的高潮，總理默克爾還冒德國人的大不韙，毅然收容了百萬名難民，如今又要面對新的難民湧進，心裏很不是滋味。

從烏克蘭人的利益來看，美國的介入是一大禍害。美國在開戰之前，信誓旦旦要保衛烏克蘭，鼓勵烏克蘭對抗俄羅斯，不讓雙方談判解決，但到了關鍵時刻，卻聲稱不會派兵，只提供武器，連澤連斯基提出的禁飛區的提議都予以拒絕，如今烏克蘭遍地烽火，人民死傷無數。也就是說，烏克蘭自己提供戰場給美俄兩大國博弈，等於被玩弄於股掌之上。俄羅斯當時要求的只是烏克蘭不得加入北約，而北約也迄今不容許烏克蘭加入，但烏克蘭就是為了「加入北約」的一廂情願，結果賠上了整個國家的命運。哪怕將來打贏這場戰爭，也是山河破碎，國將不國。但美國一直灌烏克蘭人迷湯，說澤連斯基已成為「自由世界的領袖」。但這樣的領袖，讓許多人民死去、讓家園毀滅，是負責任的領袖嗎？

歐洲人午夜夢迴，驚覺這是一場被美國人忽悠的戰爭。美國藉此削弱了俄羅斯的戰力，暴露了莫斯科內部的矛盾，收割了很多的戰略利益。拜登的外交團

隊是玩弄權謀的高手，藉此戰爭，讓俄羅斯內傷嚴重，藉由烏克蘭海王星導彈擊沉俄羅斯黑海艦隊旗艦「莫斯科」號，更是美國的得意之作，但這樣的戰術上的勝利，無助於烏克蘭戰爭戰略上與政略上的挫折。

烏東的大片土地終將失去，而馬里烏波爾也在久攻之下淪陷。對烏克蘭人來說，這是泣血之痛，但對美國來說，卻是一場老謀深算的戰略冒險，無論結果如何，不會有任何一位美國子弟兵死亡。

美國華爾街上市的軍工企業近來股票都颷升，大賺一票。而軍火企業都是美國政客的幕後金主，提供選戰的大量政治現金。估計拜登政府要將烏克蘭戰爭一直持續下去，讓軍工利益賺取更多的利潤，也將使得今年年底的參眾兩院選戰，民主黨可以贏得更多軍工金主的捐獻。這是赤裸裸的政商軍事利益交纏，環環相扣。對於那些在戰場上浴血的戰士來說，他們又怎麼曉得，自己竟然是為了政客的利益而犧牲性命？

歐洲人開始反思，他們需要門羅主義，尋回歐洲自己的戰略自主，而不是被美國軍工與能源利益牽着鼻子走。烏克蘭人因為錯誤的抉擇，成為美國地緣政治利益的炮灰，越來越多的歐洲人幡然醒悟，要跳出

北約戰車，找回歐洲自己的靈魂，才可以保存歐洲的政治經濟軀體，才可以避免歐洲人為美國利益而流血的悲劇。

美俄都是烏戰的贏家？

烏克蘭戰爭打了超過兩個多星期，形勢越來越明朗，美俄都承受負面的形象，美國自我打臉，不敢出兵、不敢設立禁飛區、不敢接受烏克蘭加入北約的苦苦要求，被視為「紙老虎」，看似兇狠，但事到臨頭就臨陣退縮，在世界的形象急降。另一方面，俄軍入侵烏克蘭，出師不利，基輔久攻不入，大軍頻頻被烏軍的小型精準武器與無人機突襲，傷亡不少，暴露俄軍在高新科技等領域落後，難以速戰速決，面對各地譴責「侵略者」的罵名。

從世界史的全局來看，美俄其實都是烏戰的贏家，兩國都是大國政治博弈的高手，都在烽火中奪得很多過去所沒有的利益，而戰爭的地點是烏克蘭，山河破碎，數百萬難民流離失所，生離死別，情何以堪，四千多萬烏克蘭人民是烏戰的輸家，是大國地緣政治爾虞我詐的犧牲者。

美國在烏戰中的利益，在於槍聲一響，就讓美國領導的北約「鹹魚翻生」，讓這個被法國總統視為「腦

死」的組織，立刻注入新動力，連過去不加入北約的芬蘭與格魯吉亞也聲稱要加入。德國國防預算立刻增加一千億美元。歐盟「去北約化」計劃煙消雲散。

但美國背後更重大的利益，就是美元的地位飆升到新高峰，壓抑了歐元要取代美元的勢頭。俄羅斯與德國興建的北溪二號天然氣管道的交易，計劃是用歐元計算，但如今這管道計劃被取消。歐元在全球的地位，隨着北約的重新飆升，也被壓制。因而歐洲是輸家。

烏戰也讓拜登找到凝聚民意的最佳平台；他在國會發表國情咨文時，提到烏戰要用最嚴厲的制裁對付俄羅斯時，兩黨議員都起立鼓掌支持，扭轉了過去共和黨議員對民主黨主張的抵制，展示了美國強大的愛國主義精神。

戰爭肯定會帶來美國通貨膨脹的加劇，石油價格勢將飆升到新高峰。美國停滯已久的頁岩油企業也如枯木逢春，乘勢再起，讓美國的能源財團可以大賺一把。

這對歐洲國家非常不利，要承受高油價，加速通貨膨脹的幅度，而歐元受美元的壓抑難以出頭，也導致歐洲的經濟無法更上層樓，在國際化的步伐上亟需

仰賴美國，繼續淪為美國的跟班。自戴高樂到默克爾的歐洲獨立自主的美夢，也在烏戰中隨風而逝。

美國龐大的軍火商集團也獲得巨大利益。歐洲整軍經武，要購買很多美國最新的、也最昂貴的武器。這是一個賣家的市場，歐洲諸國沒有甚麼太多討價還價的餘地。尤其這次烏戰展示俄羅斯在高科技武器上技不如人，更刺激歐洲與全球對高新科技軍備的需求。

另一方面，俄國肯定是一大贏家。儘管開戰不順利，但隨後俄軍逐漸調整，邊打邊談，其實最終會實現將烏克蘭非軍事化、中立化的戰略要求，即便俄軍要打持久戰，但戰場在境外，軍力可以慢慢消化各種挫折，站穩陣腳，實現將烏克蘭成為一個防禦北約的緩衝區。

同時，俄國出兵，也將克里米亞與烏東兩大親俄地區的政治地位「合法化」，正式納入了新的俄羅斯聯邦。這也使得普京在俄國內部的民望上升到歷史最高峰，被認為恢復了當年蘇聯的榮光，粉碎了西方在冷戰後要進一步削弱俄羅斯的陽謀。普京在兩千年間，還憧憬俄羅斯可以加入北約，融進西方世界大家庭。當年《紐約時報》專欄作家費里曼（Thomas Friedman）

還說普京就是「俄羅斯的鄧小平」，讓俄國人感到致富就是光榮，要讓一部份人先富起來。但西方始終對普京猜疑，北約在過去二十年間五次東擴，讓莫斯科感到步步緊迫，終於發難訴諸戰爭。

普京是權力棋盤的高手，他的軍事豪賭就是將烏克蘭掏空，不管最後戰局如何，但烏克蘭被「非軍事化」是難以逆轉的趨勢，而普京也看準拜登與北約諸國的瞻前顧後，不敢派兵參戰。普京一開戰就提出核子部隊高度戒備，進入戰備狀態，也在西方國家帶來震撼作用，不敢輕舉妄動。

俄羅斯也宣稱找到美國在烏克蘭所設立的生化武器實驗室，並且將所有美國實驗資料放在網上讓全球網民下載。這都讓美國處於非常被動的位置，華府雖然對此嚴加否認，但證據如山，也使俄羅斯在道德制高點上逆襲，對美國帶來重大打擊。

總的來說，美俄都是烏戰的贏家，在烽火中獲得前所未有的利益，美國穩住美元霸權，賺取頁岩油能源與軍企暴利，並贏得內部的凝聚力，彌補了兩黨裂痕。俄羅斯則落實烏克蘭的非軍事化，贏得過去所沒有的緩衝區，將烏東兩大地區融入俄羅斯聯邦，並揭

發美國生化武器的黑幕。兩大贏家的背後，則是烏克蘭人民的血淚，要面對國將不國的悲哀。

三戰邊緣與歐洲歷史悲劇

烏克蘭戰爭最終會走向第三次世界大戰？美俄在烏戰中正在逐步走向直接衝突的危險局面。俄羅斯外長拉夫羅夫就對此提出警告說，如果北約出兵介入，就會引發第三次世界大戰。美國國防部長嗤之以鼻，指出不懼核子威脅，白宮成立一個「老虎隊」（Tiger Team）緊急應變。美國國會已經提供四百億美元的武器，並且引用二戰時期的租借法案，提供更多的武器給烏克蘭。在戰火紛飛的烏克蘭戰場，一度乍現的和平曙光又再黯淡，迎來的是無邊而又恐怖的核武前夜。曾經爆發過兩場世界大戰的歐洲大陸，又再陷入另一場大規模的殺戮，甚至是墮進自我毀滅的深淵。

國際關係專家對歐洲的局勢越來越感到悲觀，認為美俄領袖現在是典型國際關係「膽小鬼理論」（Chicken Theory）的玩家，都在拿核子武器作為嚇唬對方的工具，就像那些亡命飛車的少年在公路上彼此開車風馳電掣的對開，看誰是「膽小鬼」在最後關頭先把車子扭開。這都是瘋狂行為，狂野少年賭的是自己的生命，

但今天美俄卻是拿歐洲甚至是全球民眾的生命來豪賭，是很不負責的行為。

這也是歐洲的悲劇。因為美國其實是幕後的操控者，一旦烏克蘭爆發核戰，美國並沒有切膚之痛，但歐洲就會籠罩在核武輻射的範圍內，烏克蘭已是一個絞肉機，人民的死傷慘重，約五百萬人倉皇逃離國外，流離失所，看不到國家的未來，成為徹徹底底的輸家。

歐洲歷經兩次世界大戰，都是地緣政治之爭，而背後也是各國彼此的誤判，終於導致悲劇難以逆轉。美國史學家塔奇曼（Barbara Tuchman）在她的名著《八月炮火》（*The Guns of August*）就指出，一戰前夕各國的決策者都覺得自己最聰明，可以玩弄對手於股掌之上，合縱連橫，爾虞我詐，可以很快就結束戰爭，認為一場世界大戰是「結束所有戰爭的戰爭」（A War to Stop All Wars），各方都義正辭嚴，絲毫不想妥協，最後陷入曠日持久的戰壕戰，傷亡枕藉，成為一場人類的悲劇。

二戰的爆發，其實是一戰的延伸，並且將地緣政治與意識形態發揮到極致。蘇聯不滿英美勢力「禍水東引」，導致蘇聯勢力範圍受納粹德國侵蝕，最終德

軍入侵，法西斯主義與共產主義對撞，但最後的勝利，還是要靠蘇聯與英美合作，東西兩線夾擊，才擊潰希特勒的納粹德軍。不過，蘇聯永遠耿耿於懷，在這場世界大戰中，蘇聯軍民死亡人數高達兩千六百萬，比西方與德國的死亡人數總和還要多。

今天烏克蘭戰局始作俑者還是歷史的幽魂，俄羅斯感受到北約步步東擴的威脅，要求烏克蘭不加入北約的保證，但反而激發一場對俄羅斯更加兇險的戰爭，因為如今不但烏克蘭的背後是北約，連過去中立的芬蘭與瑞典也要加入北約。烏戰爆發後，西歐國家對俄羅斯更加恐懼，在美國的鼓動下，形成了一張新的對俄包圍網，重兵將俄國團團圍住。這形成了一個恐懼的循環，加深了莫斯科對西方的戒懼。

俄羅斯對美國恐懼的歷史記憶，還包括一九一八年一萬多名美軍曾進入俄羅斯，要介入打擊紅軍，一度影響列寧建國行動。這些歷史怨恨，在今天又再浮現。莫斯科發現，烏戰中面臨北約全面圍攻，激發近百年被圍困的高度危機意識，面對新仇舊恨，可能不惜動用核武，全力反擊。

對美國來説，烏戰勾起兩次世界大戰的美國介入

角色，最後美國國力飆升。二戰的結果，美國取代英國成為世界領袖，國力升至歷史最高點，同時也進佔了道德制高點，成為全球「民主的燈塔」，二戰出兵到歐洲與亞洲兩大戰場，變身「民主的兵工廠」，最終獲得完全的勝利。這都是美國人最感自豪之處。這次美國當局引用租借法案對付俄羅斯，美國媒體就強調二戰的榮光，追溯當年美國軍援的重大作用。但在美國驕傲的身影中，卻暗藏着單邊主義的陰影，無法具有同理心，去理解博弈對方的核心利益與心結，恣意獨斷獨行，最後陷入第三次世界大戰的邊緣。

美國外交精英基辛格早就警告，核戰的結局就是「保證彼此的毀滅」，這是與一戰和二戰本質的分別。美國不能用昔日二戰的光榮，來判斷今天歐洲變局，也不能因為俄國今日戰場失利而貶低俄國核武。俄羅斯的經濟體量還不如加州，但它擁有可以毀滅歐洲與美國的核武勢力，一旦發動核戰，就是美俄與歐洲互相毀滅。這是美國決策者必須謹慎戒懼之處。美國若沉緬昔日二戰的光榮，不了解俄國的歷史恐懼與心結，就會陷進恐怖循環的悲劇。

在一場核武戰爭的浩劫中，沒有任何贏家，只有

徹頭徹尾的輸家。美國在歷史戰場勝利的論述，不要成為墮入自我毀滅的陷阱。

兩岸風雲

尋求免於台海戰爭恐懼的自由

中美終須在台海一戰？這是澳洲前總理陸克文（Kevin Rudd）新書中描繪的場景，指出假如兩大強國在台海爆發戰爭，結果會是美軍戰敗，成為「美國的滑鐵盧」，使美國從此走向衰落。

這本剛剛出版的新書《可以避免的戰爭》（*The Avoidable War*）剖析美國可以避免這場敗仗，只要美國真正理解中國，而不是用自己的想像和偏見投射到神州大地。他從軍事的觀點看，認為美國低估了中國在兩岸統一問題的決心與能力，冒進煽動台獨反華，只會使中美兩敗俱傷，最後導致對美國更為災難性的結局。

陸克文是澳洲政壇怪傑，能說流利中文，訪問中國逾百次，曾與幾位中國領袖近距離接觸。二零一零年習近平訪問澳洲，陸克文和他談了數小時，是最深入了解習近平的一位外國領袖。他這本新書獲得美國前國務卿基辛格的讚賞，說「這是對中國發展最深入思考的作品」。

在西方的政壇，妖魔化中國正成為主旋律，但陸克文的新書顯示，關鍵不是親華派或是反華派，澳洲領袖要成為知華派，才能確保澳洲的國家利益。新任的澳洲總理阿爾巴內塞其實是陸克文的徒弟，當年擔任過陸克文的副手，也追隨師傅學中文，希望說字正腔圓的普通話。但他的功力比較弱，無法像陸克文那樣用中文演說和辯論。但他肯定謹記「陸老師」的教誨，要成為知華派，不要學自由黨的莫里森，拿中國來說事，作為內政不修的擋箭牌，甚至最後掀起了種族歧視的歪風，損毀了澳洲追求種族平等的理想。

出任澳洲新政府外交部長的黃英賢（Penny Wong）是大馬出生的客家人，但她自稱說不好華語與客家話。不過她看破了莫里森的仇華偏見，其實只是用來掩護內政千瘡百孔的「掩眼法」。她在選戰中強調要回歸專業，找尋最能適合澳洲國家利益的政策，超越反華與親華的標籤。

黃英賢和阿爾巴內塞都不會忘記，在競選期間，自由黨將工黨標籤為「中共代理人」，將工黨候選人的照片與習近平放在一起。但澳洲選民還是明察秋毫，不為這些抹黑手法所左右，最終工黨大勝，奪回失去

了九年的政權，打開了中澳關係的新局面。

但自由黨的新黨魁達頓（Peter Dutton）還是鼓吹好戰，對外揚言一旦台海「有事」，澳洲軍隊就會揮軍北上，協防台灣，這都讓澳洲民眾警惕，不能被這些狂熱分子來掌管國政。

陸克文的新書就是一帖清涼劑，讓美國和澳洲鼓動台海終須一戰的狂熱分子，可以頭腦冷靜下來，明白戰爭的冒險主義不能成為內政危機的遮羞布，而是要實事求是，從人民的利益出發，讓台海永遠是和平之海，讓人民擁有免於台海戰爭恐懼的自由。

台海風雲的戰爭與和平

　　台海如果爆發戰爭，肯定不會是一場地區的戰爭，而是牽涉中美的一場大戰，動用的武器可能會涉及核武與洲際導彈。對中國來說，這是一場保衛主權與核心利益的戰爭，對美國來說，這是一場不應該出現的戰爭，因為代價太大，可能導致美國本土陷入核武的災難。

　　這是台海風雲要面對的場景。美國歷史上從來沒有在本土受到外部核攻擊，如一旦掀起台海戰爭，中美直接交手，就很可能陷入「互相毀滅」的可怕局面。對所有理性的決策者來說，這都是不應該進入的「險惡領域」。基辛格外交理論就是要走出這樣的險境，發展「核子時代的恐怖平衡」（Balance of Terror）。

　　西方媒體爆出，美國軍方透露中國月前試射高超音速導彈（Hypersonic Glide Missile, HGV），性能之高，讓美國當局大吃一驚。它先進入太空軌道環繞地球飛行，然後重新返回大氣層作出高超音速滑翔，可以在美國猝不及防的情況下，攻擊世界上任何一個地

方，突破美國現有的導彈防禦系統，也等於讓美國本土成為不設防城市，無險可守，面對中國導彈來攻，束手無策。

美國唯一的阻嚇力量就是發展核子潛艦，維持強大的「第二擊」（Second Strike）能力，也就是在本土遇到核子攻擊，陸地的基地被全殲後，海底還有潛藏的核子潛艦，在關鍵時刻有還手的能力。

但這讓人匪夷所思的場景(Thinking the Unthinkable)，讓美國決策者如芒刺在背，坐立不安。拜登上台後，就開始善用代理人的方式，築起新的圍堵政策，遊說日本、韓國、印度、越南、澳洲等國，形成一個對華新包圍圈，不斷舉行印太戰略演習，要堵塞中國海軍出海之路，但第一島鏈已經無法守住，根據美國軍方自己的估計，由於美國航母在中國火箭軍「航母殺手」的有效射程之內，因此都要遠離中國沿海，只能在南海活動。

即便美國鼓動英國、德國、法國軍艦前來亞洲，美其名強調是「自由航行權」，但其實只是一種政治上的姿態，自欺欺人，讓這些西方國家可以在亞洲刷存在感，事實上卻早已大江東去，時不我予，歐洲諸

國在亞洲越來越沒有角色，而美國也步步後退，要退出第一島鏈。早在特朗普時代，參謀會議主席米利被爆出密電中共中央軍委參謀長李作成，告知美國軍方並無意在特朗普選舉即將落敗時發動攻華來挽回選情。

拜登上台後，在台海問題上小心翼翼，即便偶爾有些出格，弄得劍拔弩張，都只是為了作秀。但在關鍵時期，還是避免失控，要將局勢降溫（De-escalation）。

美國政壇在反思，美國文官大都是鷹派，拿中國來消費，呼喚民粹主義的幽靈，特朗普時代的國務卿蓬佩奧就是典型，對華外交的發言如狼似虎，張牙舞爪；但武將非常謹慎，因為他們負責戰爭的勝負，也了解美軍雖然總體勢力勝過中國，但美國在亞洲的兵力已經漸趨落後，艦艇數量在南海與台海懸殊；從品質看，美國戰機的平均機齡已達三十年，接近極限，飛行員也嚴重缺乏。海軍方面，航母一旦面對中國的彈道導彈「航母殺手」，就等於活靶子，根本無法進入有效的攻擊半徑，同時美國海軍主力艦也快到退休期，製造新艦的速度與能力都落後於中國，海基導彈的射程也不如中國，美國計劃的陸基導彈則是遲遲未能到位。因而美軍在台海之戰的兵棋推演中，十八次都落敗，

對美軍帶來很大的心理陰影。

北京對兩岸統一問題有沒有時間表？這肯定在未來十年左右發生，因為習近平在位的時間估計還有十年。他的自我期許就是要在任內，或是他有生之年解決台灣問題。習近平今年六十八歲，十年之後，他就七十八歲了。他豈能容忍在生命的最後階段，還不能夠實現中國統一？

台灣的領導人現在將一切押在美國身上，但種種跡象顯示：美國並沒有為台灣與解放軍決一死戰的決心，這並不符合美國的國家利益。寶島易手，正如阿富汗易幟，都只傳來白宮無可奈何的感歎。要求美國為了台灣而與中國爆發核戰，只是蔡英文的一廂情願，不切實際。

因而台海戰爭與和平抉擇，必須超越美國第三者的干擾，回歸兩岸問題自行解決的智慧。馬英九時代，兩岸都可以和平相處，互惠共存，如今兵兇戰危，極為不智。綠營煽動民眾仇中，在媒體與教科書全面「去中國化」，但經濟上卻對中國大陸依存度極高，即便疫情下，台灣輸往大陸的貨品數量還是創新高。兩岸和則兩利，鬥則兩害。在全球地緣政治的大棋局中，

台灣只是美國鷹派的一個棋子，一旦到了關鍵時刻，就會成為現實主義的棄子，被棄之如敝屣，成為歷史的一聲歎息。

台海戰略模糊與圖窮匕現

　　兩岸在和統與武統之間擺盪，主要是北京與綠營政府、華盛頓之間的三角關係出現微妙的變化，三方的「懸崖理論」（Brinkmanship）操作都已經玩到了盡頭，各方的底牌也都亮出來，過去長期的「戰略模糊」有更多的模糊之處，但危險的動作，又預示最後圖窮匕現的兇險。

　　樂觀的地方在於中美在全球權力的最新格局中，都在探索一種競合的路徑，在競爭中合作，在合作中競爭，在羅馬峰會與格拉斯哥峰會上，無論是氣候暖化，還是全球抗疫的行動，中美都有合作的空間。

　　但在台海問題上，中美是否可以走出當前的危險局面，探索風險管控的創新方式？這一年來台海局勢就籠罩在武統的影子中，而最後的關鍵，可能還是要「寄希望於人民」。因為只有台灣主流民意驀然發現身處戰爭的邊緣，才會大夢初醒，才會制止台獨政府的危險行徑。

　　台灣民意開始幡然醒悟的跡象，是一些意見領袖

再次提出恢復徵兵制倡議，讓年輕人向韓國、新加坡、以色列看齊，十八歲之後要在軍中受訓服役，平均兩到三年。但此議在新一代中是票房毒藥，綠營政府對此支支吾吾，不敢在選舉年推動，怕影響選票。

但若小英政府公開反對恢復徵兵，又和美軍事顧問的提議牴觸，因為美軍方現派駐台灣的特種兵人數只是培訓性質，而真正發揮作用，還是要靠台灣自己的部隊，但台灣現在兵員太少，無法擔當大任。

這就是當前小英政府的尷尬與自相矛盾之處。一方面不斷加強挑釁北京，但另一方面又不願意徵兵，夢想要靠美軍來抵擋。但五角大廈也不是省油的燈，不會自己來當炮灰，而是要由台灣自己來承擔終極的後果，這恰恰是台灣所無法承受的重。

重中之重就是台灣人民的生命權，一場台海戰爭，無論結果如何，都將帶來血與火的洗禮，任何有智慧的台灣決策者都要避免這樣的場景，不管是「拒敵於境外」或「決戰於灘頭」，還是「街頭對決」都是未戰先輸。為台灣民眾福祉計，就應該將戰爭的苗頭拔除，消滅於萌芽狀態，才是最佳的選擇。

但台灣的政治權力結構，一切都要靠選票，民粹

操作，只要打響「反中、反併吞」口號就可以騙到選票。但這樣的伎倆由於重複使用，邊際效用遞減，估計當兩岸的危機越來越深重之際，在戰爭的邊緣，民意就會出現逆轉，尤其是年輕人突然發現，平常當鍵盤戰士的角色，變成了真槍實彈上戰場，就會臨陣退縮，尋求新的台灣發展路徑。

對中國大陸來說，台海之戰是「最後手段」，動用武力統一是要被迫到最後才不得不出手的戰爭，可說是「樹欲靜而風不息」。但未到最後關頭，不輕言放棄和平。然而習近平也要面對任期內「截稿時間」，估計他最多再做兩屆，也就是十年。這也是兩岸另一種「黃金十年」，若兩岸無法在「一個中國」的問題上達成共識，台灣民意仍然被綠營的台獨綱領所綁架，那麼這輛「台獨戰車」就會衝上萬劫不復的戰場。兩岸最後需要武力統一，就成為當然的抉擇。

對美國來說，台海之戰也是個燙手山芋，因為一旦中美軍力正面對決，最後很難避免不是一場核戰。這將是美國引火上身的自毀之路，任何理性的白宮主人都不會讓美利堅合眾國陷入毀滅深淵。因此華府對支持台灣的言論非常小心，至今仍不敢逾越。但美國

在全球的論述，堅持自己是「自由世界」的領袖，要捍衛台灣的自由民主義不容辭，但這只是枱面上的說詞，骨子裏還是要看實際的勝算與多大的代價。

美國哈佛大學的國際關係權威、近年提出「修昔底德陷阱」警告的學者艾利森（Graham Allison）最近撰文指出，美國決策者要面對新挑戰，若一旦中美台海開戰，美國沒有任何優勢，甚至可能會吃敗仗。

軍事專家指出，各種指標顯示，美軍長期在武器上的壓倒性力量已經不復存在。中國的軍力在某些領域甚至超前美國，如人工智能、無人機、無人船等。在第一島鏈，美國過去最為自豪的航母戰鬥群要面對中國越來越厲害的「航母殺手」，因此美國海軍只能在南海活躍，不敢太迫近台海水域，避免擦槍走火。

而美國的應對之道，就是找澳洲、日本等盟友來參與對華制衡，但這也損害了澳洲、日本的國家利益，一旦台海之戰爆發，它們只能是敲敲邊鼓，搖旗吶喊，當當啦啦隊而已。

北京的策略就是發現「時間是朋友」，經濟發展上，十年之內，中國的經濟實力再翻一番，軍力也有更多的創新與殺手鐧，兩岸統一就可以水到渠成，可

以不戰而屈人之兵。這是中國人面對的歷史考題，也在等待最有智慧的答案。

兩岸領袖會談的週年反思

　　二零一五年十一月七日，中華人民共和國國家主席習近平與中華民國領導人馬英九在新加坡會談。這是自一九四九年兩岸分治後的第一次，轟動一時，顯示兩岸對和平解決紛爭的重視，要消弭大半個世紀的仇恨。但六年後，全球華人痛心疾首，發現當年的和平花朵，卻在今天被變形為戰爭邊緣的惡果。

　　正如馬英九在「馬習會」六週年紀念中表示，六年前的今天，全世界沒有任何人認為兩岸會發生戰爭，但今天台海被視為全世界最危險的地方。這當然因為民進黨上台後這些年，廢棄了「九二共識」，推動「仇中」政策，導致兩岸關係急速惡化，也導致今天台灣面對「武統」的命運。

　　綠營的如意算盤是認為美國會全力背後撐腰，但美國國家利益就是算計，要避免捲進一場失控的武裝衝突，防止損害國家利益。美國在阿富汗的倉皇辭廟就是明證。

　　美國當局了解，它無法改變中國。美國國安顧問

蘇利文與國務卿布林肯都明言，美國無意改變中國，等於尊重中國的制度與國家目標。事實上，北京要兩岸統一，是自毛澤東以來的國家目標，也在內部凝聚了強大共識。美國若要干預，即便與中國打一場血流成河的大戰，也無法改變北京統一全中國的強烈意志，而戰爭啟動，台灣的現狀就會改變。從美國國家利益來看就是要不斷保持現狀，避免與中國出現正面的軍事衝突，才最符合美國利益。

但綠營從陳水扁以降，就是要改變現狀，要全面「去中國化」，否認自己是中國人。到了蔡英文還變本加厲，全面妖魔化中國，不惜否定她當年認同自己是中國人的歷史。

回首當年習馬會，其實雙方最大共識，就是大家都是中華民族的一員，任何的政治紛爭都可以在這個大前提下解決。中國人不打中國人，這是全民族的價值觀，但如果台灣走上分離主義的道路，北京武裝統一就成為唯一的選項。

當然，二零一五年的習馬會，雙方都展現彈性，用務實主義的方式，化解國號與名稱之爭，習近平被稱為「大陸領導人」，馬英九是「台灣領導人」，雙

方互稱「先生」，不再拘泥於「國家主席」與「總統」的爭論，而是用一種大家都不滿意但都可以接受的方式，來解決糾纏大半個世紀的政治符號之爭。

這都需要彼此的互信，在六百多名國際記者採訪的場合，馬英九與習近平握手一分鐘二十秒，被媒體視為「世紀之握」。這歷史性的握手，展現一種善意，就是要和平不要戰爭，要創意不要守舊，要突破不要蹉跎。

台灣代表團包括總統府秘書長曾永權、國安會秘書長高華柱、陸委會主委夏立言、國安會諮詢委員邱坤玄、總統府副秘書長蕭旭岑、陸委會副主委吳美紅，大陸代表團則是中央政策研究室主任王滬寧、中央辦公廳主任栗戰書、國務委員楊潔篪、國台辦主任張志軍、中央辦公廳副主任兼總書記辦公室主任丁薛祥、國台辦副主任陳元豐。他們會後還一起晚宴，習近平帶了貴州茅台，馬英九則帶了金門高粱和馬祖的馬酒。席上他們暢談甚歡。在那一刻，大家都對台海未來感到樂觀，而事後的台灣民意，也大都表示正面，認為是兩岸正面互動的關鍵時刻。

但人去茶涼，國民黨失去政權，綠營上台，山河

變色，兩岸風雲驟變。六年前在新加坡香格里拉酒店兩岸領導人的杯酒言歡，成為歷史的歎息。

馬英九今天感歎台海和平的消失，也是全球華人的感歎，暴露這些年綠營當權派的政治判斷失誤，失去黨內當年知華派的智慧，如許信良、郭正亮等，如今都在黨內被邊緣化，更不要說早期的朱高正、林正杰、鄭麗文等的忠告被置諸腦後。那些台獨鷹派現已位居高位，不斷挑釁，鼓吹年輕人仇中，但又無法說服年輕人服役當兵，形成台灣社會內部的尖銳矛盾。

台灣的經濟結構也出現重大矛盾。最新數字顯示，台灣對大陸的貿易順差高達一千三百九十四億美元，二零二一年前十月進出口年增百分之二十七點八，創歷史新高，顯示台灣對大陸的依存度很高，但綠營政府卻「政經分離」，在政治上繼續打仇中牌來煽動民粹，以收割選舉利益。但若兩岸關係持續惡化，綠營在美國壓力下須重新恢復徵兵，那麼民意的鐘擺就會出現，綠營就要面對下台的命運。

但更危險的命運就是兩岸在劍拔弩張的形勢下，會否擦槍走火，讓全球最危險的地方，陷入沒有贏家的命運。六年前馬習會，本來就是雙贏會議，在復興

中華民族共識下，化干戈為玉帛，如今卻被綠營化玉帛為干戈。這需要全球華人的智慧來挽狂瀾於既倒，讓台海不再危險，讓兩岸可以透過談判來解決危機。要拒絕歷史的歎息，必須尋回流失的智慧與爭取和平的勇氣。

民主峰會與中國模式挑戰

　　美國主導的線上民主峰會視頻會議，於二零二一年十二月九日召開，全球共有一百多個國家、公民團體與個人參加。台灣獲邀參加，但蔡英文不在邀請之列，而是由駐美代表蕭美琴、政務委員唐鳳出席。中國大陸、俄羅斯、新加坡、泰國、菲律賓等國都被排斥，但印度則被邀請。這是美國「大外宣」一部份，要展現美國的「價值觀外交」，但美國內部的嚴峻問題，以及中國模式的崛起，都對這場民主峰會打了一巴掌，暴露它的偽善與內外矛盾。

　　首先從大歷史來看，此刻正是美國民主與政治模式最危險的時刻。國際關注民主的研究機構 International IDEA 最近就發表報告指出，美國民主正出現倒退，因為二零二一年二月美國國會山莊的暴亂形同一場政變，但卻有近一半美國人支持，他們認為拜登偷走了總統寶座，因而美國的民主制度正經歷嚴重內耗，種族衝突厲害，槍擊案死亡人數今年約一萬，而吸毒死亡人數也超過十萬，美國泥菩薩過江，自身難保；還在全

球指手畫腳，可說咄咄怪事。

　　從抗疫成效看，美國疫情死亡人數逾一百萬，其中約一半人是拜登上台後染疫而死，這都是拜登所說的民主國家的「政績」，卻不能保護人民的生命權，情何以堪。

　　一場疫情，暴露了美國、英國與西歐國家的「政治病毒」問題。很多人在意識形態蠱惑下，不相信有病毒，不相信疫苗，拒絕打針，拒絕戴口罩，結果迄今歐洲地區的死亡人數達一百五十萬。

　　被美國邀請參加民主峰會的印度疫情也非常嚴重，死亡人數逾五百萬，聯合國估計實際死亡人數是官方公佈的幾倍。二十多年前，西方主流媒體讚揚印度而貶低中國，說印度是「全世界最大的民主國家」，民眾又懂英文，因此發展肯定勝過中國。但二十多年後，西方媒體對此噤聲，了解中國經濟與社會管理勝過印度好幾倍，人民的幸福感也更高，但西方不願公開承認，拜登政府還在讚揚印度的成就，成為國際笑柄。

　　民主峰會將新加坡排除在外，也引起爭議。新加坡其實是議會民主國家，它的政府也長期獲得人民的高度支持，但美國的標準是褒印度貶低新加坡，其實

是違反民意，本身就是違反民主的原則。

　　中國外長王毅評論美國這次峰會，說美國自以為「民主是可口可樂，全世界都是一個味道」。但實際上，民主如寒天飲冰水，點滴在心頭。最後的評判標準，還在於人民的真實感受。從新加坡到中國，執政黨都獲得民眾極大部份的支持，內部形成共識，最重要的是，一個理想國家的政治發展，讓人民擁有幸福感與獲得感，要滿足幾個重要的標準：

　　（一）生命權的重視。政府要確保在疫情與任何其他災難時期，國家機器都有能力保障民眾生命，不能被民粹與意識形態所害，失去基本的科學常識，讓人民生存權被剝奪；（二）要確保社會的創新力量，煥發經濟高速增長的動力，讓人民的生活品質獲得實質的改善，而不是被政治口號所迷惑；（三）共同富裕的保障。既重視經濟的高度發展，但也不斷以各種方式，將社會的財富再分配，以免貧富懸殊的鴻溝越來越厲害；（四）投入更多的基礎建設，讓舊貌換新顏，成為國家發展的基礎；（五）重視國家的和諧，要從根源做起，化解不同族群的誤會與矛盾。

　　這其實就是近年中國模式所追求的政策目標，以

人為本，讓政治經濟成為人們真心觸摸得到的正能量，而不是成為內耗的負能量。中國模式的發展，不僅在第三世界國家中成為典範，也對美國模式帶來新挑戰，因為美國的民主政治已走到盡頭，它在疫情中無法保障人民的生命權，在發展中無法落實共同富裕，也無法保持社會和諧，內部鬥爭成為常態，過去美國民主強調兩黨所具有的基本價值的共識都已經快速流失。選舉與媒體都只是鬥爭的工具，假新聞充斥，讓病毒與政治病毒交織。

美國學界開始對中美制度的此消彼長，加以深入研究，發現美國的未來很不樂觀。知名的日裔政治學者法蘭西斯‧福山（Francis Fukuyama）改變了九十年代他對自由民主理論的論斷，認為「歷史沒有終結」，中國的模式正以精細化管理、長期規劃與穩定的政局，帶來人民的幸福感，與陷入動盪的美國，對比強烈。

這次民主峰會的召開，其實是在錯誤的時間，提出錯誤的議題，匯同錯誤的政府。台灣有些人還對此沾沾自喜，以為可以與美國連成盟友關係，殊不知美國的政治發展模式正在面臨一個危險的時刻，需要撫心自問，尋找新的變革，而不是沾沾自喜，指點江山，

激揚文字，要當全球民主的祖師爺。對很多國家來説，
有這樣的美國老師，你還需要敵人嗎？

新加坡與台灣的軍事奇緣

一九六五年，新加坡獨立，即面對保衛國家主權的嚴峻挑戰。一個主要由華人組成的小國，在伊斯蘭海洋的包圍下，具有高度的危機感。如何組成一支戰鬥力強大的軍隊，是當務之急。

也許是歷史的巧合，台灣的軍隊成為重要的人才庫，提供「及時雨」的協助。

這當然是因為蔣介石的情懷，他對於這個海外的華人國家有獨特的情愫。他容許麾下的軍隊優秀將領，出任新加坡部隊的建軍骨幹。軍隊中的空軍英雄、出生在馬來半島怡保的客家人劉景泉，成為新加坡第一任空軍司令。另一位海軍的將軍邱永安，檳城人，青島海軍官校畢業，留學美國，戰功顯赫，出任新加坡的海軍司令。他們都是新加坡軍隊的建軍功臣，發揮多年來在國軍所積累的軍事素養，為一個新興的華人國家作出貢獻。

蔣經國年代，李光耀還進一步與台灣發展密切的軍事關係，訂立一個秘密的「星光計劃」，每年派出

新加坡部隊到台灣訓練、演習，提升戰力。很多會說閩南話和華語（中國國語、普通話）的新加坡軍人覺得在台灣練兵如魚得水，與當地百姓交流密切。

李光耀也因此對台灣心存感激，他和蔣經國也建立深厚的感情。新加坡與台灣的「星光計劃」一直沿襲到今天，因為這符合雙方的利益，而新加坡也感念台灣的協助，讓它成為東南亞最強大的軍力，可以守護家園，不懼任何強敵來襲。

歷史的諷刺，在於今天台灣反而需要向新加坡的軍隊學習。為何新加坡全國皆兵的動員體制士氣高昂，而台灣部隊在台海緊張的形勢下，卻難以全面恢復徵兵制？

這其實不是軍事問題，而是政治問題。台灣社會近年在民粹政治籠罩下，政客消費軍方已經成為慣用的伎倆，反對徵兵制，取消軍法，批評退役將領，將退伍軍人的福利大幅削減，讓軍人在社會上的地位急劇下降。年輕一代的精英不願意在軍隊發展，讓部隊無法招募高學歷的兵員。

這和新加坡剛好相反。新加坡的徵兵制，全民皆兵，都是全民共識，而軍人待遇高，社會地位高，也

使得精英重視軍中的經歷。

　　因而新加坡的軍隊生態像一面時代的鏡子，折射台灣軍隊的病態，暴露台灣部隊的核心問題不是武器，而是缺乏全民皆兵的思想建設。台灣需要打造一支能戰能勝的軍隊，而不是一大堆鍵盤俠，沉迷在網軍「大內宣」的漩渦中，自欺欺人。

　　當年台灣的軍隊是新加坡的老師，但今天的新加坡軍隊卻是台灣的老師，他山之石，可以攻錯。台灣是否恢復徵兵制，都可以從新加坡的鏡子中看到歷史的教訓。

香港變局

李家超百日維新成功的關鍵

香港特首李家超新的執政團隊，期望可以帶來新氣象。政圈人士預料，李家超的百日維新至關重要，他需要釐清執政思路，網羅最佳人才，萬事俱備，就待一股全新政治文化的東風，改變香港政治的面貌。

毫無疑問，李家超的警政背景是他脫穎而出的重要因素，但他過去在行政方面的歷練也展現劍及履及的風格，為人稱道。但香港是一本難讀的書，要有閱讀字裏行間的本領，與時俱進，才可以揭開這城市新的一頁。

新的一頁就是國家安全與創新發展並進。歷經二零一九年的黑暴事件，香港內部餘悸猶存，民眾內心還是隱隱作痛，必須在根子上發現當年動亂的問題，迎難而上，要徹底清除一些隱藏得很深的殘餘勢力，慎防日後還會捲土重來，危害社會。

這需要在司法上整肅那些「黃絲」法官與檢察官，不能養虎為患，讓司法的陣線出現破洞，因而律政司司長的人選至關重要，絕對不能掉以輕心，而外國法

官在香港司法系統中所扮演的角色也需要明察秋毫，具體情況具體分析，既不能一竹竿打一船人，但也不能姑息躺平，讓持有外國國籍的法官參與有關國安的判決。這其實不僅是指外國人，也包括一些持有加拿大、美國、英國、澳洲等國籍的華人，也應放在陽光下，接受大眾的檢視。

國安方面，不能低估一些「流亡」在外地的「黃絲」勢力，不斷在網上發放假新聞，夾帶很多極端的言論，抹黑香港特區政府，妖魔化中國的一切。這些自稱「香港人」的論述正在國際上不斷損害香港的利益與形象，新一屆政府不能對此視若無睹，而應該斷然撤銷他們的香港身份證與居留權，確保他們的負面影響不會在香港內部延伸。因為很多在海外「唱衰」香港的所謂「名嘴」還在領取香港政府派發的電子消費券，有病了還可以回來香港到公立醫院治療，享受香港的福利。他們言行不一的怪現象，新一屆政府不能假裝看不到。

香港的公務員政治文化也需大幅整頓，不能再成為西方勢力的「第五縱隊」。對於那些不認同《基本法》、拒絕宣誓的公務員要立刻革職，不容寬貸。公務員是代表國家的行政人員，若對身為中國人的國家

認同都有懷疑，就要立刻請其「下課」。

　　同時，香港十八萬公務員的效率也要提升，不能再在「程序主義」的帽子下，拖拉推搪。香港公屋的問題就是明顯的例子。李家超日前已經提出，在公屋「上樓」的程序上要加快，即便建好的房屋的配套措施還沒有完善，也可以立刻讓合資格的居民搬進去，而不是蹉跎歲月，等待附近的交通設施與市場建設在兩三年完全弄好後，才准許「入伙」。這都顯示李家超急民之所急，而不被所謂「程序」所束縛。

　　但是香港的未來還需要有新的增長點，而不能老是依靠金融和房地產。香港的大學校園藏龍臥虎；由於教授的薪資是全球之冠，吸引了五湖四海的研究人才。但他們與產業的聯繫不多，一些重大的科研發明都難以轉化為工業與商業用途，往往只有轉往西方或中國內地。

　　當年在香港科技大學畢業的汪滔在無人機設計上頗多獨到之處，創辦了大疆無人機公司，但香港政府給予的支援有限，後來他到了深圳，獲得深圳市政府的全力支持，終於蒸蒸日上，現在成為全球無人機的巨人，佔全球市場份額約七成。

科技突破發展，香港需要與大灣區高度融合，達致產研合一，不再讓學術機構與工業生產和市場割裂，不能讓學術的智慧停留在校園內，而是要由政府搭橋，形成一條價值的鏈條。香港在這方面具有國際優勢，吸引世界的人才，又擁有中國內地龐大的市場。

　　但過去特區政府在這方面缺乏搭橋的視野與能力，放任自流，錯失很多機會，今天中國內地的科研力量正在處於上升期，從大國重器的航天探索，到基建狂魔的密集建設，每一個環節都需要技術的創新與管理上的創新。香港人在這方面豈能自外於中國內地的迅猛發展，而李家超政府又豈能不積極推動香港在科技上的貢獻。

　　這就牽涉到香港的教育變革，必須要追上內地的水平。近年香港的科學教育（STEM）不僅落後於內地，也落後於香港六、七十年代的水平。當年香港的培正中學可以培養出諾獎物理學得主崔琦與數學大師丘成桐，但今天的香港學校還有新的崔琦、丘成桐與汪滔嗎？這都是香港教育界要面對的挑戰，也是李家超必須大力整頓的問題。

香港建設文化之都的願景

　　李家超到香港故宮文化博物館參觀時，提出「文化之都」的願景，讓社會上人心一振。長期以來，都有言論嘲笑香港是「文化沙漠」，一切太功利，沒有人情味，只是一個「經濟城市」，說香港人只是唯利是圖的「經濟動物」，無法在文化上有所貢獻。但這是一個不美麗的誤會，恰恰相反，香港其實是全球華人的文化首都，可以凝聚五湖四海的文化智慧，共冶一爐，或是各說各話，眾聲喧嘩。但在政治與經濟的迷霧下，它的文化身影往往在顯隱之間，只緣身在此山中，雲深不知處。

　　香港具有一種特殊的魅力，可以超越政治與經濟的漩渦，從辛亥革命以降，香港就是各種論述的集散地，二戰之後，更有一大批來自神州大地的「南來文人」，他們呼喊「花果飄零」的時代使命感，在香港弦歌不絕。錢穆、唐君毅、張丕介等一批內地來港學人所創辦的新亞書院成為新儒家的先鋒，影響了中國的思想版圖。

香港的作家也影響了全球華人，甚至衝擊改革開放後的中國。金庸、梁羽生、古龍、倪匡的武俠小說至今仍然獨步文字江湖，從台北到北京，從吉隆坡到新加坡，從雅加達到曼谷都有生生不息的讀者群，近年連很多學習中文的外籍人士，也一頭栽進了這些武俠名家的世界裏，發現了解中華文化的終南捷徑。

在文學創作的天地，香港作家更是人才輩出，在五六十年代，就延伸了五四以後神州大地的文脈，在香港這個「借來的地方、借來的時間」中，寫出感時憂國的情懷，也探討中華天地的未來，如徐訏的《風蕭蕭》、《荒謬的英法海峽》；張愛玲的《傾城之戀》、《秧歌》；徐速的《星星·月亮·太陽》、《櫻子姑娘》；劉以鬯的《對倒》、《酒徒》等都載進了現代中國文學史。

二戰之後，香港是冷戰的前沿，諜影幢幢，英國人對於反對英廷的言論很敏感，可以運用《不受歡迎外國人條例》，將一些國共的活躍人物驅逐出境，但對於左右派彼此爭論的言論，則完全不管，形成探索中國問題的高峰，不少不容於兩岸的論述都可以找到自己的天地。今天一些反對派說由於香港頒佈了國安

法，因此沒有了言論自由，不再有新聞自由。一些國際機構如「無國界記者組織」更推波助瀾，說香港新聞自由在全球排名一百四十八位，與非洲盧旺達差不多。這其實大謬不然。香港迄今還有不少反對派的刊物，政治口徑與北京和特首辦都迥然不同，連法輪功辦的報紙都公然在報攤出售，也沒有被禁止。

香港的國安法只是針對那些提倡港獨等分離主義的言論，比起當年英國殖民時期的嚴厲措施，差距不可以道里計。當年香港媒體一旦批評英女王和英國王室，就會面對當局制裁，毫不容情。知名的編輯韓中旋就是受害者。文革期間香港親北京媒體的工作人員還被英國殖民政府下獄，報紙停刊。今天的一些崇英的年輕人對這些史實懵然不知，還在眷戀他們從沒有經過的殖民統治，成為荒謬的現象。

即便到了今天，美國媒體在烏戰之後，封鎖了俄羅斯媒體「RT」，而美國谷歌所擁有的 YouTube 最近還封鎖了香港特首當選人李家超的視頻。美國有這樣的「新聞自由」，還有甚麼權利來責罵香港沒有新聞自由？

從言論自由的角度來看，香港肯定有足夠的條件

可以建立文化之都。香港的西九博物館、香港故宮文化博物館都是世界第一流的水平，既能展示香港多元化的文化面貌，吸收西方最前衛的藝術，作出「橫的移植」，又能延續中華文化的悠久傳統，作出「縱的繼承」。

其實每年夏季，香港貿易發展局舉辦的香港書展也吸引了兩岸與全球的出版商，也是非常多元化，入場的讀者人數高達一百萬人次，而《亞洲週刊》參與主辦的「名作家講座系列」，從二零零五年起就邀請了全球最佳的中文作家來演講，與讀者近距離接觸，廣受歡迎，包括了金庸、倪匡、莫言、王安憶、李敖、白先勇、虹影、龍應台、嚴歌苓、朱天文、朱天心、唐諾、詹宏志、李長聲、蘇童、余華、閻連科、陳文茜、哈金、駱以軍、章詒和、黎紫書、金泰成、英培安、余秀華、易中天、于丹、劉震雲、韓寒、梁文道、馬家輝、許知遠、鄭培凱、許子東、郭敬明等，吸引了全球華人讀者，很多東南亞、台灣和中國大陸的讀者都不遠千里而來，融進香港書展的人潮中，務求一睹這些名家風采，親炙他們靈感的魅力。

這都是香港的軟實力，也是香港文化之都的基石，

用多元化的言論智慧，探索中華民族更美好的未來。這是李家超新政的重點，也是七百萬香港人的自我期許。

香港公務員變革從「心」開始

　　香港公務員的加薪幅度成為民間的熱議。特首林鄭月娥政府在任期最後的日子提出大幅增加公務員的待遇，高層最高超過百分之七，創回歸以來歷史新高，引起輿論的反彈。由於香港在疫情下失業率上升到歷史高峰，而公務員近年的表現平庸，抗疫措施疏失不少，很多民意認為還如此大幅加薪，可說是逆潮流而動。

　　但也有輿論認為，這是當局對於公務員系統的一次安撫，因為歷經二零一九年的黑色暴力，一些公務員加入移民行列，導致人才流失，提高待遇，高薪留住精英是市場經濟常見的措施。但這都難以釋除社會上的疑慮，好像香港十八萬公務員是特權階級，無法與一般的民眾共患難，共度時艱，而是沿襲權力圈的天之驕子的作風，不管施政的成效如何，好官我自為之，高薪我自加之。難怪連公務員出身的前高官葉劉淑儀也公開提出批評，她臉書上的民眾留言都大罵這些力求自我加薪的高官是背離民意，與時代脫節，即

便加了薪酬，但贏得罵名，讓社會的離心力更厲害，可說得不償失。

從管理的角度來看，薪酬的加減往往是理順內部的重要槓桿。高薪養賢，自古已然，但領導統御之道在於要設立績效指標，要有關鍵表現指標（Key Performance Index，簡稱 KPI）。香港的官員在解決幾項民生的工程上都嚴重滯後，如房屋荒與公屋的供不應求，排隊「上車」的民眾平均要等六年或更久。但另一邊廂，媒體卻揭發香港的公屋空置不少，記者發現最近起碼有九百多個空置單位，無人居住。這都引爆民怨，一方面很多市民要住在劏房，窮無立錐之地，但政府卻有大量房子空置。這都顯示官僚系統的失職，監管官員的無能。公務員系統對此沒有自我檢討，讓資源的調配繼續失衡，形成不患寡而患不均的怪現象。

同時，歷經黑暴事件，公務員內部有不少害群之馬，公然不宣誓效忠《基本法》，或是與分裂勢力勾結，內應外合，形成國家安全的隱患。政府部門對此有沒有嚴加反省，全力追查，還是得過且過，馬馬虎虎地應付下去？

其實在專業人員的系統中，都重視在職培訓，不斷提升內部的競爭力，不能夜郎自大，在工作技能上落後，在戰略規劃上原地踏步，只是眷戀殖民時期的那一套，而無法與時俱進、拓寬視野。這都需要定時定點查核，以驗證這一支十八萬公務員隊伍的戰鬥力，是否可以肩負香港在轉型期所面對的重大責任。

香港公務員還應該發揮社會指標作用的角色，是民間的典範、是權力的標竿，但香港公務員在回歸之後，還基本上沿襲港英時期的文化內涵，沒有在公務員內部落實「去殖民地化」，除了換了國旗之外，其他都一仍舊貫，因而無法面對時代的需求。

最典型的例子，就是迄今香港公務員的升遷，只是看英語能力，不看普通話能力。儘管教育界長期呼籲，應該將公務員的普通話考試，列為升等的必備項目，避免有些官員到了北京就不知所措，有些甚至還要說英文，找人翻譯，成為笑柄與醜聞。

但在公務員內部推動普通話，卻長期都無法落實，很多官員內心排斥，認為是多此一舉。因而飄揚五星旗的香港，卻出現一些無法與十四億中國人交流的官員。歷任特首，從董建華、曾蔭權、梁振英到林鄭月娥，

都無法在公務員內部落實普通話考試作為升等的標準，可說是咄咄怪事。

如今李家超出任特首，做事劍及履及，預料會在這方面有所突破。有關誰來出任政務司的問題，政圈內部都在傳言現任保安局局長鄧炳強的呼聲很高，如果他來領導十八萬公務員，勢將全力整頓，落實「去殖民地化」，從「心」改革，並輔以制度性的安排，如普通話能力與升遷掛鈎。這都會在社會上產生示範效應，上行下效，在語言政策上，擺脫了「重英輕中」之弊。

這也包括公務員的內部對中文寫作的要求，公文不能只是限於英文，而是要中文化，避免只依靠英文；而公務員都要中英文俱佳，不能有所偏廢。

這次公務員加薪的爭議，其實揭開了這個系統的封閉性，只是往內看，而不能與民間共呼吸。在大灣區解封通關的前夕，在習近平計劃回歸二十五週年訪港的前夕，香港公務員系統必須面對靈魂的拷問，如何深度變革，才能回應時代的挑戰。

香港推動普通話須克服公務員阻力

為何香港回歸二十五年，很多香港新一代的普通話還是無法流暢表達？為何在香港的公領域，從學校到立法會、從政府會議到公共儀式都不是用普通話進行？不僅悖離中國的語言政策，也與台灣、新加坡社會的語言絕緣，與全球十五億說普通話的人難以交流。但在香港推動普通話，引起了一些反對勢力的反撲，掀動了這個城市集體心靈中最敏感的一根弦，認為這是破壞香港長久以來的語言習慣，也當然破壞了香港很多的既得利益。

最大的既得利益集團就是公務員系統內部的潛規則，都是以英文與粵語為官方語言，如今社會上越來越多的聲音，提出了用普通話作為官方語言，要求公務員考核、進階都用普通話作為關鍵標準，就會打破很多人的飯碗，他們借助民間的地方主義情緒，倒打一耙，要將在香港普及普通話的力量稀釋，大事化小，小事化無。

從一九九七年到現在，二十五年是整整的一代人，

但香港公務員系統就一直不肯面對香港亟需語言之變的政治發展，不向北京、台北、新加坡看齊，而是悄悄地將殖民時期的「英語至上」改成「粵語至上」。在中學的中文考試，還加上了廣東話的口語測試，要鞏固廣東話的官方地位，不管大部份中學與大學畢業生，普通話的水平都是迷迷糊糊，甚至出現倒退，無法參與一場普通話辯論與深度的交流，支支吾吾，讓香港的年輕人在國際舞台上失去了競爭力，去到中國內地、台灣與東南亞，都無法與當地民眾深入交流，痛失多少的人生機緣。

回歸之初，由香港政府全資擁有的香港電台本來創辦了一個普通話台，開始時還雄心勃勃，似乎是香港推動普通話的官方平台。但二十五年後，香港電台的普通話台已經名存實亡，變成摻雜了音樂與廣東話節目的大雜燴，當初信誓旦旦要推廣普通話，但如今卻被偷樑換柱，成為四不像，而最離譜的是，普通話台還曾經由不懂說普通話的人擔任主管，外行領導內行，成為媒體的笑柄。

香港電台長期被「黃絲」勢力把持，也在一些耽於「懶政」的官員管治下，早已是一個「淪陷」的機

構，還好近來由極有魄力的李百全擔任廣播處長後，形勢漸見好轉，但普通話台被扭曲的情況還沒見改善，必須迅速全面整頓，成為特區政府推動普通話的一個重要「根據地」，才可以撥亂反正。

同時，即將成立的香港公務員學院也應該將普通話列為校內的教學語言，一切都要以國家語委的標準進行，而不能再一仍舊貫，只是說英文與廣東話。培養香港十八萬公務員的學校，等於是中國的國家行政學院，或是過去國民政府的革命實踐研究院，肯定要使用國家的語言，而不能用方言作為培訓的語言。這是最簡單的道理。

至於社會上的反對勢力，說推廣普通話會從此消滅廣東話；這其實不值一駁，因為香港推動普通話，並沒有影響「私領域」說任何的方言，就好像上海人彼此說上海話、廈門人在家說閩南話一樣，推動普通話，何時消滅了上海話和閩南話？說方言本來就是私領域的自由，但在「公領域」就必須有強大的語言紀律，以使得國家團結。美國國會都規定說英文，會讓西語裔的議員在議事會堂說西班牙文嗎？

其實「全民說國語」就好像當年的台灣，在

一九四五年光復之後，國民政府一聲令下，就讓全台灣使用日文的語言生態改變。今天台灣任何政治光譜的議員都會用流利的國語（普通話、華語）來議政，這都是當年國民政府的德政，否則今天台灣還在日文、閩南話、客家話、十幾種原住民的語言中糾纏，要付出巨大的社會成本。

香港普通話政策需要全盤改革

　　越來越多對二零一九年黑暴事件的分析，發現香港社會被仇中的政治論述所誤導，不僅是攻擊中國共產黨，還指向中華文化和普通話（中國國語、華語），背後的論據之一就是，説普通話是中共壓迫香港人的統治工具，因而在公開場合，一些暴徒一旦聽到有人説普通話，就予以攻擊，連一些來自台灣與東南亞的旅客，也遭池魚之殃。一位香港大學的新加坡留學生還要隨身帶着新加坡護照，避免被港獨暴徒聽到他説華語（普通話、中國國語）而遭到毆打。這都是香港的恥辱，進入了一種法西斯的氛圍，公然鼓吹對一種語言的歧視與仇恨，而背後其實有深層的社會與經濟因素。

　　一九九七年回歸時，香港社會曾經掀起一股學習普通話的熱潮，出發點就是從政治經濟出發，認為這是新的統治語言，普通話研習社等民間補習學校都門庭若市，但政府部門在香港戀殖的公務員體制中，卻對普通話懷有深刻的敵意，在教育部門，回歸二十五

年以來，普通話還不是香港學校教學語言，用普通話教中文，成為一個燙手山芋，因為反對勢力很多，主要是很多原來用廣東話教中文的老師都不會說普通話，要求他們立刻「換頻道」，毋寧緣木求魚。但二十五年之後，香港有超過一半的學校還是未能落實普通話教中文，這就暴露教育當局的失職，而背後就是香港的官僚體制對普通話的暗中抵制，剝奪了香港新一代掌握普通話的能力。

要正本清源，落實改革，就必須從頂層設計開始，不僅要普通話教中文和英文以外的科目，而是要整個權力體系「換舌頭」，從特首開始到整個十八萬公務員系統，都要以普通話作為官方語言，就好像在英國統治時期，正式的發言與公文都以英文為唯一標準。公務員的升遷都要考普通話的能力，如果不及格，就要被刷下來，就好像在港英時期，英文不行，絕對不能當官。

香港的立法會今後也應該全部用普通話發言，不要再用廣東話。過去港英時期，議會內英文發言是常態，為何在回歸之後，居然沒有用普通話來發言？全中國人民在聽香港立法會的發言時，大都是「鴨子聽雷」，

一切都「莫宰羊」，長期下去，香港還是中國領土的一部份嗎？

　　語言就是權力，權力就是語言。這是千古不易的鐵律。一些所謂「本土派」以及港獨的聲音，都強調廣東話唸唐詩宋詞如何更有古代的韻味，甚至聯繫十幾年前珠三角「撐粵語」的運動。其實這都是似是而非的論據。用湖南話、四川話、閩南話唸古詩也很有韻味，但推動普通話成為香港官方語言，並非禁絕粵語或任何方言，而是要區分公領域語言與私領域語言之別。上海人都說上海話，廈門人都說閩南話，但上海與廈門的民眾開會時都能說普通話，因為從小學起就學習，尤其是知識分子，都普通話流利，而香港的知識分子，精英階層大部份都無法說流利的普通話，每次離開香港到內地交流，往往先來一段抱歉詞，說自己的普通話太普通，不好意思云云。這是香港城市競爭力的重大缺陷。台灣人、東南亞華人與中國內地民眾的交往都暢順無阻，惟獨香港人用語言築起一道圍牆，自我設限，甚至還沾沾自喜，殊不知卻害了新一代的發展機遇，無法全情投入中國十四億人的群體中，失之交臂，情何以堪。

中國人為甚麼要堅持說普通話？因為中國大地上的方言數以百計，如果不用普通話來溝通就會四分五裂，無法團結一致。事實上，台灣自一九四五年光復後，國民政府就落實在中國大陸自二三十年代就推動的「國語運動」，大半個世紀以來，卓然有成，讓台灣所有不同的群體都可以溝通自如。東南亞地區，華文教育也是用華語（普通話、中國國語）教授，讓不同祖籍的群體可以融合一體，無分彼此。

廣東省內部就方言林立，港人說的廣東話其實是廣州話，或是廣東白話，但對潮州人、客家人、台山人來說都是雞同鴨講。猶憶五十年代，香港電台還有客家話新聞、潮州話新聞，可見當時香港的語言分歧。香港五六十年代的電影公司邵氏與電懋，也以拍國語電影為主。香港要成為全球華人的首都，就需要從普通話政策的全盤改革開始，不能再繼續故步自封，自欺欺人，甚至成為港獨勢力藉此「說事」的切入點。

香港和廣州、上海、廈門、成都等城市一樣，可以在私領域說自己喜歡的方言，但在議事會堂、政府機構、學校就一律都要說普通話，這也是和台灣、東南亞的華人社會看齊。君不見全球的精英與他們的下

一代都説流利普通話，從特朗普的孫子到臉書的扎克伯格都努力學習普通話，香港人如果還踟躕不前，就會嚴重落後於世界潮流。舌尖之變，成為香港人的當務之急。

香港語言工程就是政治工程

　　普通話如何成為香港的官方語言，已經擺上了議事日程。回歸二十五年，香港普通話的普及化還是原地踏步，甚至倒退，關鍵是政府官僚的「懶政」，以及既得利益團體明暗兩手的阻擾，再加上政客的攪局，使得很多香港中學與大學的畢業生，無法用普通話暢順交流，因而一旦他們離開香港到了北京、台北、新加坡、吉隆坡就會尷尬得很，發現香港人所說的「中文」原來只是一種方言，而無法與全球華人充份溝通，也無法在全球越來越龐大的「中文圈」扮演活躍的角色，成為香港城市競爭力的一種結構缺陷。

　　香港過去反對普通話的組織大部份是從行業利益出發，如一些中文老師，他們長期都用廣東話教學，若一旦改用普通話教學，他們很多都不能勝任，等於要被迫離職，因而他們強烈反對「普通話教中文」（普教中），強調「粵語教中文」（粵教中）是有深厚的歷史傳統，而粵語古音更能顯示唐詩宋詞之美。教育當局甚至在回歸之後，加強廣東話在考試中的地位，

中學畢業考試設有「中文口試」的環節，考核學生的廣東話發音是否準確，但卻不管是否會普通話，等於是在語文教育上開倒車，成為香港教育政策的一大敗筆。

但更令人矚目的是政治勢力近年的背後操控，對普通話教學百般排斥，認為只有用粵語教學才可以彰顯香港特色。近幾年甚至泛政治化，將廣東話視為港獨的標誌，強調這是香港推動政治獨立訊息的載體，是香港建立「想像共同體」的必由之路。二零一九年黑暴期間，暴徒就到處攻擊社會上說普通話的人，加以毆打，連來自台灣與東南亞的華人都受害，顯示這樣畸形的歧視成為黑暴核心思想，必須全民反擊，也必須團結全球中國人予以反擊。

必須強調，香港落實普通話，並非否定廣東話，而是分清楚公領域與私領域之別。廣州人在家裏說廣州話、上海人彼此說上海話、閩南人在家裏說閩南話，中國有好幾百種方言，大家可以在私領域說自己愛說的方言，但在學校、公共機關都說普通話才能彼此溝通，才能凝聚中華民族力量。

香港人由於教育制度沒有「普通話化」，不僅沒

有落實普通話教授中文，也沒有規定用普通話教其他科目，造成普通話科目在學校變成了一種「第二外國語」，平均每週只學不到一個小時，因此學生的水平一般都很差，香港人一旦離開香港就發現自己語言的短處，在中國內地、台灣、新加坡、馬來西亞等地方缺乏語言的競爭力。但香港當局要扭轉這樣的局面，必須要有霹靂手段，設立一個語言改革時間表，再也不能蹉跎下去。

第一，先從頂層設計開始，從公務員開始、從公權力機構開始，都要落實普通話是官方語言的規定，一切的官方儀式都必須說普通話，就像北京與台北一樣，也像英國殖民時期，一切官方儀式都說英文。為何回歸多年，香港政府的公開儀式語言還不能用普通話來進行？這都顯示港府當局的「懶政」，或是某些官員的別有用心，才導致今日的局面。

第二，要在公務員升遷關鍵點，將普通話納入考核，就像英殖時期，將英文列為最重要的考核標準。奇怪的是，回歸之後，普通話根本不在官員政績考核之列，有些官員去北京開會要帶上翻譯，堅持用廣東話或英文發言，還以此自豪，成為咄咄怪事。

第三，司法系統也要開始「普通話化」。長期以來，香港司法都是以英文為主，近年則加上了廣東話，普通話基本上無一席之地。今後必須列出時間表，要瞄準幾年之內，將法官與審訊的語言全部用普通話，向北京與台北看齊。

　　第四，要向新加坡學習，推廣華語（中國國語、普通話），亮出「講華語運動」口號，衝破省籍隔閡，香港人要擺脫語言劣勢，要掀起全民運動。

　　第五，香港的教育撥款機構，如教資會（UGC）都要在大學的撥款中，訂明大學入學須普通話考試及格、畢業時的普通話水平檢定，列為重大的標準，讓學校的師資，都要用普通話作為教學語言，也確保每位香港的大學畢業生，可以充份掌握普通話，而不是每一次說普通話的時候，都要先自嘲自己是在說「煲冬瓜」。

　　香港推動普通話的語言工程，其實是一項艱困的政治工程，必然遇到很多或明或暗的阻力，但這是千秋萬世的政治基礎建設，也是糾正嚴重滯後的政策，必須走出官僚系統「懶政」的怪圈，也要有智慧面對各種千奇百怪的反對聲音，從頂層設計開始，從公領

域開始，上行下效，才可以扭轉香港語言的劣勢，才可以讓香港人發現與全球十五億說普通話的人（中國十四億人口加上海外約一億人的中文圈）交流的喜悅。

新加坡抗疫成功對香港的啟示

西方媒體對於這次上海抗疫的風暴，大加撻伐，認為這是中國威權體制所造成的弊端。英國《經濟學人》封面故事就以此來酷評，指出中國的體制必然造成這樣的災害，冷嘲熱諷，認為這是中國制度所造成的悲劇。但其實這是西方媒體的誤讀，對中國問題簡單的「潑污水」，根本沒有觸及問題的核心，因為英格蘭的疫情死亡人數逾十四萬，對於今天只有雙位數死亡數字的上海來說，對比強烈。

整個中國因為疫情而死亡的人數約五千多，還不到倫敦約一萬八千多人染疫死亡的三分之一。嚴肅的說，這些充滿傲慢與偏見的英國媒體，根本就沒有資格罵上海甚至中國。如果用死亡數字作為指標，英國的政治制度與決策方式可以休矣。

長期也被西方媒體標籤為威權統治、不被列入民主政體的新加坡，卻是全球抗疫的成功範例，值得香港當局參考。五百多萬人口的新加坡，迄今死亡人數約一千多。它的成功秘訣，就是推動落實全民注射疫

苗，滿足全部打三針的要求，才算完成防疫注射，否則就不能進入大多數公共場所。因而迄今新加坡接種三針疫苗的人數高逾九成，等於在社會編織了一個綿密的抗疫網，防止病毒滲透。

新加坡勝過上海與香港的地方，就是超越封城的僵硬做法，重視「生活與生命」（Life and Lives）的平衡，對應之道就是全力推高注射率，攻破很多來自西方的疫苗謠言，說注射後會更危險，或是影射疫苗是政府的陰謀，內藏操控民眾的機關等荒謬說法。新加坡當局還派人上門給長者接種，比率冠全球。

同時，新加坡不再重視感染人數，而是集中處理重症，防止長者的併發症。實證的例子顯示，從香港到上海很多死亡者都是沒有接種疫苗的長者，一旦感染，就會引發併發症死亡。一般健康的民眾即便感染，在家隔離吃藥就會痊癒。上海被批評的地方就是大炮殺蚊子，反而讓很多人被流彈所傷，造成「次生災難」，耽誤了經濟民生，引發民怨。

香港僵硬的防疫措施也引發民怨，如規定餐館下午六時後就全部關門，禁止堂食，好像六點之後病毒就突然增加，讓人百思不得其解。而香港的上班族起

碼有一半是外食族，家裏不開飯，六點下班後沒有地方吃飯，往往買了外賣蹲在街上吃，邊吃邊罵政府。新加坡則不會這樣僵硬，重視以人為本，防疫措施則是劍及履及，公民素養也高，遵守所有的防疫規定，才取得全球罕見的抗疫成績。

如今新加坡的烏節路、牛車水一帶，日夜車水馬龍，行人如鯽。儘管戶外空曠地方不需要強制戴口罩，但民眾大部份還是自覺地戴口罩，不會像美國社會還在為公共地方應否戴口罩而爭議不休。這都和社會的共識有關；四月十九日，美國佛州聯邦法院最新判決，認為聯邦當局要求延長在飛機等交通工具強制性戴口罩是違法行為。從亞洲人觀點看來，佛州法院是濫用司法，以維護人權之名，行損害人命之實。

香港的總體接種率比新加坡低，長者的接種率更低。由於疫情出現之初，香港一些輿論都在鼓吹疫苗有害論；「黃絲」媒體人受到特朗普保守派的影響，不僅抹黑疫苗，並且特別抹黑中國內地的疫苗，說會打死人。但新加坡卻承認中國疫苗（聯合國認可的標準），外國打了科興與國藥的民眾入境新加坡都獲得承認。

中國內地一些自由派也長期散播疫苗注射自主論，一些自媒體還在網上主張，人民有權利不打疫苗，政府應該尊重人民不打疫苗的權利。這都成為中國內地抗疫的破口，引起憂慮。

新加坡當局對於疫苗的宣傳，非常細緻，如水銀瀉地，無孔不入，務求深入民心，成為全球注射率最高的國家，也因此成為防衛病毒的干城。

西方攻擊中國的嚴厲防疫，背後就是一種「達爾文主義」心態作祟，認為讓長者和弱者死去，是物競天擇、適者生存的結果。但中國則堅持每一條生命都重要，在保護人民的生命權上，一個都不能少。

新加坡不僅抗疫理念上重視每一個人的生命，還在方法上更為細密，在生命與生活之間取得平衡。領導抗疫成功的財政部長黃循財，還成為總理李顯龍的接班人。

香港的下任特首李家超也應該在新加坡的經驗中獲得重大啟示，為香港的抗疫之戰帶來新的靈感。

國際風情

南太平洋的風吹向何方

　　這是很多人的世外桃源。熱情的陽光、溫柔的海灘、藍藍的天空，吸上一口這世界最純淨的空氣，會讓所有人都精神一振。遠離了煩囂的城市，在這裏似乎能找到心中等待了一輩子的平和。

　　這也許是很多人對南太平洋島國的印象。似乎在這遠離塵世的地方，不會捲進世俗的煩惱，更不會有權力的鬥爭。

　　好萊塢在五十年代，就曾經拍了一部廣受矚目的電影《南太平洋》（South Pacific），描繪旖旎風光，帥哥與美女的愛戀故事，曲折離奇，配上動人的音樂，非常賣座。編劇是美國文壇怪傑米慈勒（James A. Michener），他二戰時期曾經在南太平洋服役，飽覽很多太平洋的美麗景色，他對現場的細節很重視，歌曲也非常好聽，在香港、台灣兩地上映時，轟動一時。冷戰時期，大家都嚮往一個沒有爭鬥的天地，要做一個現代的「武陵人」。

　　這當然是美麗的誤會。大半個世紀之前，這兒是殺

戮戰場，是浴血的殘酷之地。第二次世界大戰最慘烈的戰役，都在這些島嶼發生。所羅門群島的瓜達爾卡納爾島，難忘當年美日部隊血戰肉搏，殺到日月無光。而中途島戰役，更是太平洋戰爭的轉捩點，日本四艘航空母艦都在這個海域被擊沉，美國一艘航空母艦與驅逐艦也沉沒了，雙方數以千計的官兵都葬身海底。

歷史的陰影不僅是昔日的痛苦，還有昔日權力的延伸。馬紹爾群島曾經是美國六十多次核武試驗的場域，至今遺留的輻射比前蘇聯的切爾諾貝爾核電廠還要高。儘管島上的人民近年向美國索賠，但華盛頓卻是充耳不聞，假裝沒有聽到。

全球的公民意識，正向這些島國蔓延。儘管他們是小國寡民，但卻要爭取自己的自主性，不容長期被殖民地宗主國所左右。美國過去多年都是靠澳洲來當「副警長」，管轄區內的大小事務。但澳洲對於這些土著都帶着有色的眼光，內心深處都瞧不起這些有色人種。美國則更被批評是「勢利眼」，多年以來都不管區內的經濟發展與民生福祉，導致這些島國的經濟停滯，就只有靠旅遊業。

但兩年多的疫情改變了一切，過去的遊客大都絕

跡，旅遊業陷入停擺。而在經濟的低迷狀態下，治安又出現問題，再加上如湯加等國的火山爆發，更使得人心不安。

太平洋的島國已經吹起了新的風，要國際社會重視它們的福祉與主體意識，希望國際的交往平等互惠，而不是依靠強權的單邊主義，擺脫前宗主國殖民主義的遺痕。中國的角色，可說是島國的「及時雨」，改變這些島國的命運，興建公路、碼頭與機場，提供價廉物美的消費品，提升經濟，彌補歷史的遺憾，迎向太平洋最新的風向。

劉香成的剎那就是永恆

　　剎那就是永恆。愛情小說往往有這樣奇妙的描述。在新聞攝影的世界，抓住決定性瞬間就是終極的考驗。

　　因為這也是真相的瞬間（Moment of Truth）。如何在千鈞一髮間，捕捉那些稍縱即逝的映像，也抓住了一個大事件的標誌性核心。戈爾巴喬夫宣佈蘇聯解體後，將文件往桌子上一摔；美聯社攝影記者劉香成用三十分之一秒的快門，抓住這一刻，讓人看到文件晃動的感覺，成為新聞攝影的經典。

　　今日的新聞，就是明日的歷史。戈爾巴喬夫摔下文件的剎那，就成為蘇聯解體的歷史定格。它不僅出現在翌日全球國際新聞的頭版，也出現在歷史教科書上。一張照片，勝過千言萬語，承載着多少深層的信息。

　　但很多人憂慮，這樣的歷史定格，會在今天「人人都是攝影師」的手機時代消失。太多的視頻、網紅直播，早就把新聞界百多年歷史的「定格照片」，送進歷史的廢堆嗎？如果今天再出現戈爾巴喬夫這樣的場面，是否用短視頻就可以取而代之？

這是曖昧的問題。但歷史學家都會強調，只有「真相的瞬間」才是關鍵，太多的直播，太多的流量崇拜，反而不及一張照片的威力。恰恰是視頻的氾濫，造就了「定格照片」的稀缺性，如何抓住那決定性的瞬間，考驗拍攝的功力。

就以戈爾巴喬夫摔文件的鏡頭來說，現場還有CNN 的電視攝影機，都在全場錄影，一秒都不漏，但無論是看直播還是看錄影，都不會感受到劉香成照片所帶來的張力。就是這一刹那，就是這一瞬間，用照片來呈現，味道就是不一樣。

即便今天短視頻滿坑滿谷、讓人眼花繚亂之際，一張好的照片，還是會讓觀眾心頭一凜，對它凝視，覺得它也在對你凝視，形成一種奇特的互動。

那決定性的瞬間，電光火石，就恍如映像的天雷，勾着感情的地火，讓你無所逃於天地之間。這是獨特的經驗，也是歷史的詮釋。在流量崇拜的當兒，在短視頻稱雄網絡之際，攝影記者還是不忘初心，「任憑弱水三千，只取一瓢飲」。就是在那紛繁的映像中，抓住那一刹那，讓它成為永恆，成為永遠不可磨滅的烙印。

劉香成的成長，其實都在為很多的剎那做準備。他生於香港，童年在福州待過，經歷紅領巾的歲月，但又在香港的天主教學校唸書，大學在紐約市立的亨特學院，待過美聯社和《時代週刊》，讓他成為多元文化的綜合體。他穿梭全球，從南加州的陽光海灘，到印度的貧民窟，都有他的足跡，見證了全球化的黃金時代，也目擊蘇聯崩解、中國的崛起與今天美國的失控。他內心的鏡頭還在不斷擦拭，決定是否還要用三十分之一秒的快門，等待那些期待永恆的「真相的瞬間」。

在中國爆紅的西方網紅

　　如果外星人來到地球，閱讀西方主流媒體，會發現北京冬奧是一個糟糕到不得了的奧運，所有的新聞都是負面，關鍵詞都是新疆人權、香港民主、防疫太嚴格、染疫隔離的選手食物太差等⋯⋯

　　但如果他們親臨冬奧，就會發現完全不一樣的景象。這是歷史上最環保、最有效率、最人工智能、最多「黑科技」的盛會，而十四億中國人也陷入狂歡的狀態，不懼疫情，展現前所未有的國民自信的氣度。

　　不過西方的民眾卻可以通過西方的網紅，看到更多真實的中國。他們在 YouTube、TikTok 等社交平台上，看到北京奧運出現了很多西方所沒有的高新科技。尤其是一些曾經參加東京奧運的美國選手，會比較東京奧運村宿舍的硬紙皮製造的牀，與北京奧運村的智能牀，對比強烈。

　　但最讓西方網民感受深刻的，還是很多生活在中國的西方網紅在網上分享日常生活，沒有虛矯，而只是實事求是的表達很多瑣碎的細節，如中國人的衣食

住行、怎樣上館子、叫外賣用移動支付、怎樣坐高鐵、打網約車、怎樣春運⋯⋯

來自德國的阿福（Thomas Derken）是復旦大學的留學生，後來與上海人結婚，他成為中德兩國的網紅，介紹中國不同地方的美食與風土人情，發現很多連中國人都覺得很有新鮮感的現象。

也有非常知識分子味道的老外，探索中國的哲學，在網上與網民分享，贏得很多的讚。出身於牛津大學中文系的歐陽森（Harry Morre），北大哲學系畢業，他在網上談論易經與卜卦，但又深入淺出。他十九歲才學中文，但如今說普通話非常道地。

歐陽森還與一位來自英國劍橋大學的留學生白若汐（Imogen Page Jarrett），在網絡的綜藝節目上，用中文辯論，彼此調侃互貶，發揮牛津劍橋「相愛相殺」的傳統。這些只有二十多歲的年輕老外都向全球發放一個重要的訊息：開放的中國，帶來很多的國際機緣，讓他們找到人生的新意義。

另外一位美國網紅郭杰瑞（Jerry Kowal）就毫不客氣地戳破美國主流媒體的謊言，在人權、抗疫等問題上，都直斥其非。但也招來西方一些媒體對他抹黑，

說他是拿了北京的錢，成為中國的宣傳工具。但郭杰瑞強調用事實說話，他跑到紐約街頭採訪，讓觀眾看到美國抗疫失敗的悲劇。

而美國 HBO 網紅馬勒（Bill Maher）卻比較美中的差異，指出美國在基建上落後中國，社會治理出現種種漏洞。他幽默的調子像一把殘酷的手術刀，割開當前西方病態的社會軀體，讓觀眾在笑聲淚影中發現新的中國。

傾城之戀的命運轉折

　　只有在一座城市的崩塌邊緣，才可以成全一段因緣。這是張愛玲小說《傾城之戀》的主題。她描寫白流蘇與范柳原的愛戀，在香港淺水灣酒店的調情，蕩氣回腸，但最後還是要待到日軍來襲，香港陷入戰火中，他們才擺脫了感情的不確定性，走向幸福生活的彼岸。

　　如果文學是隱喻，香港這些年歷經暴亂與病毒的試煉，陷入崩塌的邊緣，痛定思痛，最後也會成全大變革，走向更美好的未來。很多經歷二零一九年黑暴事件的香港人都忘不了那些火光熊熊的街頭，被焚燒的商場與港鐵站、被堵塞的公路與隧道。世紀的繁華，就這樣的結束？但今天很多香港人驀然回首，發現也許是這樣的大破壞，才帶來大變革的未來。

　　這是歷史的辯證發展，在絕望中發現希望，在痛苦中尋找快樂。香港人回首十年前的反國教運動，早就埋下了分離主義的伏筆。本來獲得多數香港人支持的民主派逐漸被極端的勢力綁架，最後竟然搭上了血

腥暴力的戰車。在社交媒體的動員下，年輕一代被快速洗腦，成為街頭的戰士。

在暴亂的高潮，很多香港人都被每天晚上十點鐘集體口號聲音所嚇倒。不少中學生就在大聲吶喊，也往往出現家庭內部的撕裂。很多人都受不了歇斯底里的瘋狂，社會上陷入「黃絲」與「藍絲」的對立，城市似乎即將走向傾倒的命運。

這也是香港命運的轉捩點。只有到了極端邊緣，才引發強大的反擊。北京頒佈《港區國安法》後，鎮住分離主義的氣焰，不旋踵間，疫情來襲，也意外地防堵群眾運動。香港爭取到一個「重置鍵」的機會，扭轉了命運的方向。

也就在超越國家認同問題後，香港可以奮勇再出發，不再陷入內耗漩渦，不再晚上喊口號「五大訴求、缺一不可」。香港無論甚麼顏色的陣營，都越來越有共識，需要打夠起碼三針疫苗，才可以對抗病毒。

香港人最大的挑戰，還是要免於政治病毒的侵襲。在《港區國安法》之下，香港建立了一個集體的國家安全機制。但這並不是香港失去了自由民主與法治，恰恰相反，香港在一國的框架下，才能爭取到《基本

法》所列明的雙普選的理想。

　　其實沒有善忘的香港人都記得，二零一五年政改方案若通過，香港早就落實了立法會普選，只是民主派在極端勢力的挑動下，反對「袋住先」，結果一子錯全盤皆落索，徒自追悔而已。

　　如今香港的民主進程不再被分離主義所干擾，一切都會變得暢順。推動雙普選，是新特首不可推卸的憲制責任。歷盡滄桑，香港「一國兩制」的民主發展是山重水復疑無路，柳暗花明又一村。

麥難民走進疫情的夜色

香港疫情進入嚴峻階段，被視為「至暗時刻」。就在這病毒陰影籠罩之際，香港過去很多二十四小時營業的麥當勞已在下午六時後關閉，不復出現通宵待在麥當勞的「麥難民」。這些徹夜在麥當勞的群體曾經是這城市的標記，但如今他們走向何方？誰來關心他們的命運？

香港的社會工作者説，麥難民失去了麥當勞的庇護，大多露宿街頭，在大橋底下，在公園椅子上。他們成為另一種「疫情難民」，走向不為人所知的角落，也走進疫情的夜色中。

這是香港疫情暴露的社會矛盾。長期以來，香港居住問題成為世界級醜聞，很多底層百姓貧無立錐之地，政府解決房屋問題的節奏永遠慢了幾拍，因為地產集團與政府的利益成為共犯結構，特區政府的收入都高度仰賴房地產的稅收，因此官員並沒有強大的動機去徹底「打房」，很多的應變之道被批評只是「假動作」，虛晃一招，最後又是不了了之。

但最奇葩的是，越來越多的高層與精英階層倡議要向西方國家看齊，要「與病毒共存」，認為只要有更多的民眾感染，才可以達到「群體免疫」（Herd Immunity），但露宿在街頭的麥難民其實暴露在更多病毒的環境裏，他們沒有足夠的口罩，也大多沒有接種疫苗，成為高危的群體。

　　但最讓人憂慮的是，疫情導致很多中小企業與服務業瓦解，失業大軍人數飆升，不少人加入了麥難民行列。只是在此時此刻，他們是沒有麥當勞的麥難民，走進了病毒瀰漫的空氣中。

　　這也是美國的疫情現象。美國的無家可歸者在疫情下飆升到歷史的新高，估計高達六十萬人。加州就是重災區，從洛杉磯比華利山富人區附近，到舊金山的街頭，都看到越來越多的露宿者。他們其實也與時俱進，搭建各種的帳篷，乍看是露營的旅客。但他們是被疫情大潮淹沒的一群，失業後無法支付租金，只有淪落街頭。

　　另一方面，疫情使得美國房地產與股市大升，由於量化寬鬆，熱錢在房地產市場與股市空前興旺，有產者與金融投資者的收入大增，也導致美國的貧富懸

殊上升到歷史的最高點。香港的情況也類似，堅尼系數也不斷飆升，反映社會的階級矛盾越來越嚴峻。

正是在這政治經濟與社會的危險關頭，刺激越來越多的反思，要尋找結構上的改變。香港麥難民的宿命，折射很多發達城市露宿者的命運。從香港到美國，他們走進疫情的夜色中，期盼「至暗時刻」後的曙光。

十月圍城・香港・藍色憂鬱

二零零九年的年底，電影《十月圍城》上映，描繪辛亥革命之前，孫中山要在香港會晤來自十三省的革命黨代表，被清廷殺手圍捕的驚險過程。由於武打激烈，星光熠熠，票房不俗，叫好又叫座。但片子最大的效應，還是意外地帶來了「藍色憂鬱」。

藍色憂鬱來自台灣藍營的群眾，他們很多人看得熱淚盈眶，熱烈追捧，緬懷辛亥革命的事跡，在一齣武打奇情的香港電影中，發現了台灣逐漸消逝的民國情懷。

對台灣藍營觀眾來說，在這電影第一次發現香港人在辛亥革命所扮演的重要角色，張學友飾演的楊衢雲因策動革命，於中環結志街五十二號被清廷密探暗殺。藍營群眾觸摸那些飄遠的歷史，聯繫台灣現實政治的「去中國化」的殘酷，又豈是一個「愁」字了得。

這是刻骨銘心的痛，也是台灣認同自己是中國人的觀眾揮之不去的「藍色憂鬱」。這部電影由香港人陳德森導演、秦天南編劇、陳可辛擔任監製，參演的

明星包括梁家輝、黎明、謝霆鋒、甄子丹、張學友、曾志偉、任達華、王學圻、張涵予、范冰冰、李嘉欣、胡軍、李宇春等，「卡士」強大，在兩岸都賣座，中國內地的票房收入高達二億九千萬元人民幣。

影評也收穫大量正面的評價。著名影評人列孚甚至說，這是香港電影人對中國內地導演的一次示範之作，將看來是主旋律的大片拍得好看，主要是緊扣小人物的人性糾結，但沒有任何的說教，而又讓觀眾感受大時代的磅礡氣勢。

但片中的核心人物孫中山，卻在台灣被邊緣化。如今台灣的歷史教科書都不再提這個名字，作家吳淡如說她的女兒都不知道孫中山是誰，讓那些懷念孫中山是中華民國國父的台灣觀眾，都有一種莫以名狀的失落感與憂鬱感。

但時代卻沒有憂鬱。很多中國人倒是看到正面的意義，指出孫中山當年所提出的《建國方略》，今天大都已經在神州大地實現，甚至是超越前進，如全球最先進的高鐵、全球最龐大的高速公路網、量子衛星、探月太空船等，都是當年孫中山所未能想像的。

當然，藍營不少人還是期望孫中山的三民主義，

可以全部在中國大陸實現，也就是不僅在民族主義、民生主義上達標，也要在民權主義上不斷進步。藍色的憂鬱或許也是一種動力，推動中華民族的進步，超越黨派，超越昔日孫中山的藍圖，迎向更多彩多姿的中國未來。

韓國生活美學與焦慮感

　　韓國首都其實是戰場的前線，首爾離開南北韓分界的三八線太近了，朝鮮的傳統火炮都可以瞄準首都的每一個建築物，一旦開戰，朝鮮誇下海口，可以在半天內就讓首爾陷入火海。因此，韓國的年輕人，無論階級、學歷，都要服役約兩年，接受最嚴格的軍事鍛煉，以迎接一場隨時來臨的戰爭。

　　這也使得韓國人普遍有種戰火焦慮感，在戰爭的邊緣，他們都有「只爭朝夕」的緊迫感，不能夠忍受任何的拖拉，也不願意面對無謂的空談，因而韓國人重視實踐，要在生活中落實自己的價值。

　　韓國的生活美學就是崇尚整潔，不僅家居要窗明几淨、一塵不染，有些家庭還將每天的內衣褲用開水煮沸一遍，也就是徹底消毒。一些韓國人還每天洗澡兩次，務求乾爽清潔。

　　重視廁所的乾淨，也是韓國社會的特色。很多外來的遊客發現，即便到韓國廉價的餐館，廁所都洗刷得異常乾淨，勝過香港一般的茶餐廳。這當然是韓國

的一種獨特的競爭力，就是從小處做起，每一個地方都要符合自己的生活美學。

韓國人出門，也重視外表，女性都講究妝容，不會隨便素顏示人，每一個人都要將自己最好的一面呈現。因而韓國美妝業異常發達，在國際上還自成一派，韓式化妝還外銷到中國、日本，蔚為風潮。

但最厲害的是韓國的整容業，已經成為一種「國技」，可以巧奪天工，製造美女俊男。不少韓流的明星都有後天雕刻，塑造最佳面容與身材。

但在競逐外表的光鮮亮麗的背後，是一個高度壓力的社會。韓國網劇《魷魚遊戲》就揭開這個無處不是高度壓力的社會，尤其是男尊女卑的傳統、等級分明的秩序，其實就是一個儒家文明與韓國民族性結合的表徵，在全球化市場經濟的殘酷競爭中，韓國人內心世界的焦慮感也在全球引起了共鳴。

而兩韓戰火邊緣的張力，也使得集體的焦慮感揮之不去。美軍駐韓人數維持在五萬左右，面對朝鮮無時無刻的威脅，韓美部隊隨時都在備戰狀態。首爾歌舞昇平，繁華璀璨的夜色，隱藏着很多不堪聞問的苦楚。韓國的每一個個體、每一個家庭，每天都在比拼，

與別人比，與自己的過去比，與國際比，而終極的比拼，往往是生死抉擇的生存狀態。

也就是在這樣的憂患意識中，韓國社會凝聚強大的競爭力，可以在過去二十年間，脫穎而出，成為聯合國認定的發達國家。這是韓國的驕傲，讓其他國家艷羨不已。但午夜夢迴，韓國人都知道背後的辛酸，以及那至死不渝的殘酷競爭。

越僑與越南發展的情緣

　　如果沒有越僑的力量，越南的發展不會那麼快速。一九七五年，美軍敗走西貢，成為美國歷史上第一次在海外用兵的失敗，也是南越政府的滅亡。數以百萬計的南越高官與軍方人員倉皇辭廟，告別一個朝代，也開啟了一個新的經濟發展的機緣。

　　他們很多逃亡到美國加州南部，落腳在洛杉磯南部的橘縣（Orange County），或是在法國巴黎的十三區。他們在異鄉建立自己新的家園，投身商業與專業的世界，四十多年後，他們與下一代回到越南故鄉，一笑泯恩仇，成為越南市場化的先鋒。

　　就好像八九十年代的台商，很多都是國民黨新一代，他們不少是高學歷，或是充滿了企業家的幹勁，要在父輩的故鄉或傷心之地，開啟人生新的希望。鴻海的郭台銘、谷歌的李開復、阿里巴巴的蔡崇信、湯臣的徐楓，都是著名的例子。

　　當然，越僑回鄉發展，除了大財團的運作，更多是一般的中小企業家，他們本來在南越政府時期，就有

豐富的商業經驗，這樣的基因也在他們的下一代發揮，要在越南新一波的改革開放中，展現自己最佳的潛力。

對這些歸國發展的越僑來說，一九七五年開始的逃亡潮，見證他們逃離共產主義政權的悲涼，但越南的發展最後也是和中國一樣戲劇化，自我顛覆了左翼意識形態，擁抱全球化與市場經濟。昔日的馬列教條，被愛國主義所取代。他們沒有像流亡佛羅里達州的古巴難民那樣，發誓不會回到被左翼政府所統治的故園，因為他們都知道，故園早已變色，不是變成共產主義的紅色，而是變成擁抱美元的綠色。

儘管越南曾經與美軍殊死戰，死亡的軍民數以百萬計，但越南社會現在卻難掩對美國的崇拜，會說美式英文的人都可以找到好的工作，而從美國回來的同胞就更是被艷羨的對象。那些在胡志明市街頭開着豪車的年輕人，不少都是來自美國的富二代，他們代表在美國鍍金成功的群體，讓美國夢的紅利外溢，成為越南社會的驕子。

這也和來自台灣與北美的華人新一代一樣，都是在中國發展的驕子。他們幾種語言流利，衣着講究，被抓捕的嘻哈明星吳亦凡就是典型的例子。

這也當然引起反彈。越南對於從外面回來的富裕同胞，都有一種又愛又恨的情結。他們當年逃亡在官方看起來是「政治不正確」，但如今卻往往被奉為上賓，因為他們帶來資金與人脈，創造更多的就業機會，都是越南發展所極為需要的資源。

　　其實九十年代中國民間早就對這種現象有所反思，調侃說「革命不如反革命」，而改革開放後看到北上廣燈紅酒綠的盛況，有些老幹部不禁感歎「一朝回到解放前」。

　　今天的越南也是有這樣複雜的情愫，但大家都在愛國主義力量的凝聚下「向錢看」，讓市場的力量，來化解歷史的恩怨，讓全球化的動力，來衝破內部的矛盾，建設更美好的未來。

李白・碎葉城・歷史的月光

　　唐代詩人李白的出生地是碎葉城，位於今天哈薩克與吉爾吉斯邊境一帶。學者對於它的正確的位置還沒有定論，但自從哈薩克的政變風暴傳來，大家對這個看似遙遠的國度，忽然有一種文化的親切感，似乎在那塊危機四伏的土地上，發現了李白溫柔的歷史月光。

　　這也是文化的月光，今天哈薩克與中國是兩個國家，但地緣上卻是非常密切，中國的「一帶一路」夢想，都是沿着李白故鄉的月光，延伸到歐洲與全世界，那些中國的背包客與自駕遊旅客，這些年早就去尋找李白的足跡，想像公元八世紀時的詩人童年，如何在西域孕育他早熟的靈感。

　　李白的詩，氣勢磅礴，折射唐代知識分子的寬廣視野，恢宏大度，沒有被單一民族的目光圍限，而是擴大到一個全球化的高度，他不但是在抒發漢民族的情懷，而是要找到一個多元化的維度，進入一個具有普遍性、可以放諸四海而皆準的人性關懷。

哈薩克之亂，不幸淪入了美俄的地緣政治之爭，中國半壁江山的天然氣供應都仰仗哈薩克，雙方的經貿則非常密切，互通有無，而中國的基建能力近年飛快成長，瞄準中亞地區，更是哈薩克發展的一大助力。阿拉木圖是哈薩克最大的城市，這幾年城市基礎建設快速發展，距離新疆霍爾果斯只有三小時車程，當地的食物，如手抓飯、手抓羊肉等也和新疆飲食類似，讓很多從新疆去哈薩克的民眾感到特別熟悉。

　　中國遊客近年在碎葉城附近，發現一些自稱為東干人的族群，他們說一口的陝西方言。據學者考究，他們是清朝同治年間移居當地，祖上是一群陝甘地區的回民，因為躲避官方鎮壓流亡至此。他們在這裏務農謀生，展現獨特的生命力，經百年多的繁衍生息，現逾十二、三萬人口。他們用三十八個斯拉夫字母拼寫陝西方言，創立了自己的東干人文字。

　　哈薩克的孔子學院開了五家，越來越多的哈薩克人都喜歡學習中文，哈薩克留學中國的學生高達一萬五千人，有些人從中學就去中國學習，要成為「中國通」，分享中國龐大的經濟價值。當他們唸到唐詩時，才赫然發現李白就是老鄉，也期盼歷史的月光，可以

照着兩國發展的道路。

　　這些熟悉中國的哈薩克精英重視中國的發展經驗，吸取中國近年經濟飈升的智慧。他們回到哈薩克之後，都難以忘記中國的網購、網約車、移動支付、高鐵、共享單車等中國特色的生活方式。也許這次哈薩克的政變流產事件的啟示，就是強調發展是硬道理，把餅做大，並且要推動共同富裕，避免寡頭家族的操控，才是國家發展的正途。

日本「哈華族」的前世今生

　　儘管日本的岸田文雄政府對華政策是「唯美派」——唯美國是從，但不可否認，有不少日本人是不折不扣的「哈華派」，喜歡學習與享受在中國的一切，他們不但講字正腔圓的普通話，還沉浸在中華文化的氛圍中，而背後就是漢字的緣份。

　　和中國人學日文一樣，日本人第一次接觸中文，就是被那些「一模不一樣」的中文漢字迷惑，不僅發音不同，意思也有差別，但也有完全一致，不用再多費腦筋去記憶，而是不知不覺地進入中文的世界。

　　留學北京語言大學的西田聰，就是奇葩的例子。他在微博上的網名是「假日本人」，但他是道道地地、在日本出生長大的日本人，小學時來大連玩，銳意要學中文，還歷經挫折，但他立定主意來北京留學，而最出人意表的是他要學最有中文神韻的相聲，要登上中華文化說唱藝術的高峰。

　　他拜了著名的相聲大師丁廣泉為師，從最基本的發音到各種繞口令，從特殊的用詞遣句到難以言傳的

身段與風格，他都銘記於心，也都不斷在現場表演中精益求精。他的演出不僅在校園引起驚艷，並且紅遍了網絡，被譽為「比中國人還中國人」，成為「哈華派」的最佳代表。

西田聰追求的不僅是一門技藝，而是要進入藝術的堂奧。中文是一個奇妙的載體，承載着中華文化的精髓，進入了日本人的內心世界。

和越來越多來華學習的外國學生一樣，西田聰發現中文不僅屬於中國，也屬於世界。但比較起其他的外國學生，西田聰有更多的優勝之處，因為漢字是中日兩個民族的橋樑，也是彼此尋找共同文化淵源的臍帶。

在歷史的進程中，如今全球只有中日兩國分享漢字的傳統。過去越南與韓國都用上了千年的漢字，但現在已經飄逝。越南當年被法國殖民之後，越語被法國傳教士加以拉丁化，徹底與漢字絕緣，儘管胡志明還是會寫漢詩。韓國則是到了九十年代，媒體才全面停用漢字，但韓國的身份證還是要求寫上漢字，避免韓文出現同音字的誤會。

日本學生其實也在中國行中，愛上中國婦女能頂

半邊天的特色，沒有日本等級社會的高壓。日本女性發現自己在中國享有更高的社會地位，可以更自由自在，發揮個性與創造力，不諱言中國社會的性別平等勝過日本。日本留華女主播，如著名的橋本麻子（Mako老師），都喜歡中國社會對女性的尊重。

日本的「哈華族」穿越政治的荊棘之途，他們追尋中日交流的前世今生，在漢字的緣份中，發現中國的「詩與遠方」，就在歷史與現實生活的交匯中。

如果琉球與台灣同為一國

　　如果琉球與台灣同為一國？這不是天馬行空的浮想聯翩，歷史上曾經出現過琉球與台灣融合的機緣。二戰後期，美國計劃在擊敗大日本帝國後，不僅將台灣與澎湖從日本手上歸還給中華民國，也將日本殖民統治的琉球交給南京政府。但當時蔣介石婉拒，沒有接受統治琉球的重任，被後人認為痛失了擴大中華民國版圖的機會，也使得台灣失去了更多的戰略縱深，無法在日後的寶島保衛戰擁有更多的資源與籌碼。

　　史家猜想當時蔣介石的考量，是避免戰線太廣，而琉球與台灣不一樣，從來沒有經過中國皇朝的統治，在明清兩代是藩屬國，也有不少中華遺風，但經過了日本大半個世紀的統治後，在太平洋戰爭中展現彪悍的民風，痛擊美軍，蔣介石憂慮難以駕馭，避免節外生枝，只好忍痛放棄。

　　但中華民國對琉球的態度是支持獨立建國，反對「歸還」給日本。即便在一九七二年華盛頓將琉球交給東京管治，台北仍然拒絕承認日本對琉球的主權，

台灣媒體還是堅決不用日本的「沖繩」，堅持使用「琉球」二字。

　　琉球的傳統文化與歷史，都有深刻中華文化的烙印。琉球史書《歷代寶案》都是用漢字文言文寫成，雖然大部份毀於戰火，但孤本仍然珍藏在台灣大學。這本琉球歷史是琉球國王對自己民族歷史與朝代變化的忠實記錄，極具歷史價值，展示琉球民族的主體性，也是漢字文化圈的一員。即便到了今天，琉球也是日本全國唯一堅持春節習俗的地區，因為在明治維新之後，日本政府就強制取消春節，改為慶祝西曆的元旦，但琉球人不會忘記老祖宗的風俗，向神州大地看齊。

　　琉球在二戰之後，就有琉球獨立的運動，儘管國府傾向支持琉球獨立，但由於台灣需要東京在國際舞台上的支持，不得不低調，尤其五十年代，日本退休的皇軍將領秘密組成「白團」，前來台灣協助籌劃「反攻大陸」，因此台北不希望在琉球問題上與日本鬧翻，而是保持曖昧的態度。

　　早在一三七二年，明太祖就命楊載出使琉球，後來福州三十六姓人遷居琉球，帶來更多的中華文化，今日福州仍然有琉球館遺痕，琉球也流行福建所常見

的「風獅爺」來「鎮風止煞」。一九八一年，福州與琉球的首府那霸結為姊妹市，到了九十年代，習近平出任福州書記時，曾訪問那霸，慶祝兩地的姊妹市情緣。

但歷史不會忘記，琉球在七十多年前，曾經與台灣有一段擦肩而過的情緣，可以成為一國，再續中華文化的前緣，但歷史沒有如果，如今琉球在地緣政治的風暴中，被美國與日本當局「軍事要塞化」，捲入台海危機，撫今追昔，能不感慨系之乎？

《梅艷芳》的療癒效應

電影《梅艷芳》像一顆石頭，激起香港人內心世界的漣漪，久久不散，因為它喚起很多似近猶遠的記憶——那是一個開放的、沒有人搞族群仇恨、沒有香港人否認自己是中國人的時代。

梅艷芳的崢嶸歲月，橫跨了一九九七年回歸。她熱心公益，從不諱言對公共議題發聲。一九八九年北京的學運，她和很多香港人一樣，都支持學生，並在「民主歌聲獻中華」的演唱會中，全情投入。六四事件之後，她一度說從此不會回中國內地。但後來在一九九一年的華東水災中，她與很多演藝界名人都參與籌款救災。

她祖籍廣西合浦，永遠有一顆拳拳的中國心，不會支持港獨、不會讓分裂主義的逆流肆虐。她後來還幾度到央視與人民大會堂演出，受到廣大的歡迎。她與中國內地的演藝圈朋友都建立了深厚的情誼，包括張藝謀、馮小剛等導演。他們都忘不了梅艷芳的酒量與豪爽，說她是女中豪傑，義薄雲天。這次電影《梅

艷芳》在中國內地放映，很多著名演員如孫儷、海清等都淚眼相挺，懷念這位藝壇大姐大。

　　梅艷芳的影響力，也擴及到全球華人社會。她的歌曲與電影在東南亞也風靡一時。電影《梅艷芳》在大馬也非常賣座，勾起了昔日她的歌聲與倩影在南洋狂颷的回憶。其實八十年代，香港流行曲與電影都在兩岸與全球華人社會佔了主導地位，台灣不少女學生還是港產片的「追星族」，崇拜港星的自由奔放，而梅艷芳就是那種最有性格、形象百變的偶像級藝人。

　　梅艷芳個人成長的歷史，也是香港人奮鬥突破的歷史，即便卑微的出身，她都可以憑藉自己的努力，用歌聲衝破階級的藩籬，讓演技化解歧視的眼神。儘管她只有中學二年級的程度，但她自學英文、日文，縱橫國際歌壇。這都顯示香港人當年那種自學的精神，那種鍥而不捨的韌勁，成為城市競爭力颷升的無形動力。

　　她的性格是大大咧咧，仗義疏財，常常借錢給朋友，不在乎他們是否還錢。她對於藝壇的後輩都很提攜，不求回報。她的十一段戀情，大都轟轟烈烈。她出道時邂逅的日本歌星近藤真彥，成為她一生的最愛。

儘管他是歌迷眼中的「渣男」，周旋於不同的漂亮女歌星之間，包括中森明菜、松田聖子等，但梅艷芳死前還特別飛到日本與他會面，卻沒有透露自己將不久於人世。

電影《梅艷芳》不僅是全球華人的集體回憶，也對香港人帶來集體的心理療癒效應。在戴着口罩的電影院中，重溫一個沒有政治撕裂、沒有黃藍之爭、沒有社交媒體傳播仇恨的激情年代。

中印網紅顛覆政治刻板印象

　　中國和印度是死敵？這兩個歷史上關係密切的國家，由於一九六二年的邊境戰爭，餘波蕩漾，政治關係陰晴不定。但在互聯網時代，兩國的自媒體興起，民間的網紅異軍突起，獨樹一幟，意外地成為兩個社會的文化橋樑，也顛覆了雙方的政治刻板印象。

　　在疫情肆虐之際，很多中國網民都喜歡追看一位說流利中文的印度網紅馬怒，這位被暱稱為「三哥」的印度人曾經在中國學習與經商，說普通話行雲流水，但又不忘展現獨特的印度式「肢體語言」。他身在印度，向廣大的中國網民直播印度抗疫情況，比較兩國民情異同。他展現印度豐富的多元文化、人心的柔軟、重視宗教的情懷、對世界的思考維度等等，都與中國迥然不同。由於真實和誠懇，他贏得很多中國網民的點擊，成為不折不扣的網紅。

　　另外一位印度網紅，取了一個很中國的名字「長江」。他曾在中國留學，中文很道地，他去年還感染新冠肺炎，抱病直播，告訴中國觀眾病中的痛苦，以

及醫療的過程，贏得很多的點擊率。

印度留華的學生越來越多，估計高達兩萬三千人。他們很多都喜歡讀醫科專業，有些更是直接讀中醫，研究中國深奧的傳統醫學，如何和現代醫學結合。有一位在江西中醫大學唸書的印度學生薩希爾，最近成為網紅，他拍了一百六十多個視頻，談他在中國的經歷，與中國人的互動，都廣受歡迎。

中國人前往印度工作與旅遊也漸成普遍現象。有一位長居印度的中國人劉墉，他拍視頻聚焦印度的日常生活，穿梭於大街小巷，品嚐光怪陸離的街頭食品，讓中國觀眾嘆為觀止。尤其他喝下恆河的水，更嚇倒中國人。他也在網上坦言在印度感染了新冠肺炎的經過，但最後痊癒，讓觀眾都舒了一口氣。

這些多彩多姿的視頻，深入民間的觀察，讓兩國人民感覺很近，儘管文化不同，但人心的深處其實相通，都在追求美好的生活。在這些視頻中，看到印度這幾年進步很快，地鐵與各地的鐵路都逐漸興建，人民生活在改善。印度人看中國，也被中國「基建狂魔」的狠勁折服，認為國家的建設就是要從生活的品質開始，而不是耽於意識形態爭論，也不要被政客空頭支

票所誤導，更不再被西方媒體忽悠。

　　印度長期被西方主流媒體標籤為「全球最大的民主國家」，但在私下卻看扁印度，認為它的管理落後，貪腐不堪，不可救藥。但中印民間的密切交流，讓印度新的一代見識不一樣的發展模式，開拓兩國和平合作的機遇。

加速的歷史與失速的人性

　　元宇宙讓歷史加速進行，人際間關係的互動可以突破地理與心理的限制，彈指之間，新的社會就從地平線上升起，創造人類歷史的新紀元，超越了過去的時間長度，可以在一個虛擬世界中開闢疆土，揚名立萬，也可以回歸現實世界中，安之若素，歲月靜好。

　　這創造了二元的世界，中間似乎有一個旋轉門，進出其間，周旋於兩個不同的天地。兩者可以彼此呼應，但也可以互相抵銷，往返的旅程，也是考驗人性的戰場。

　　戰場就在於人性沒有斷層，都有太多的貪嗔痴慾，現實世界如此，元宇宙的世界也如此。

　　毫無疑問，元宇宙讓很多在現實世界中飽受挫折的失意者，可以開啟第二人生，一切都可以從頭開始，讓新世界的喜悅與滿足，彌補舊世界的失落與痛苦。一些在現實中被視為「魯蛇」（Loser）的宅男鎮日就躲在房間內對着電腦，被家人以為只是打遊戲，茶飯不思，不分晝夜，讓親人側目。但在元宇宙的世界中，

他可能是統領四方、威風凜凜的領袖，擁有巨大的權力。

這也帶來人性的失速，像一架失控的飛機，時而衝上雲霄，時而急墜下跌，在太虛幻境中，載浮載沉，不知伊於胡底。在元宇宙的貪婪與蠻橫、陰謀詭計，一點都不會輸給現實世界，甚至是變本加厲，讓人瞠目結舌。炒賣虛擬土地，發行內藏玄機的加密貨幣，割韭菜，薅羊毛，都成為很多元宇宙炒家的標準動作。

這就像美國開發西部時的蠻荒世界，沒有清晰的法律，而只有充滿對未來的美好想像，但在美夢與噩夢之間，往往是善惡的較量。

歷史的加速也使得人性面對前所未見的考量。一切都變化得太快，來也匆匆，去也匆匆。區塊鏈、人工智能、智能合約、加密貨幣，構成了新的一張綿密的網，探索新的遊戲規則。由於元宇宙的基礎是一種去中心化的金融，沒有現實世界的「老大哥」，法律的規範就變得不可測，也導致道德的規範出現混沌的狀態。

元宇宙的參與者都是網中人，但網裏網外，又可以有緊密的互動，形成了奇特的效應。香港就出現好幾

次的加密貨幣交易被匪徒設局，成為密謀搶劫的場景，金額動輒以千萬計。而加密貨幣更成為一些黑社會的洗錢工具，利用它的隱匿功能，偷樑換柱、五鬼搬運，將很多見不得人的「黑錢」洗白。

但正如人類第一把刀發明的時候，就注定它的二重性，既有殺人的禍害，但也有手術刀救人的慈悲。元宇宙就像人類的另一把刀，砍向舊世界的枷鎖，開闢一個美麗的新世界，但也需要砍掉人心中難以消除的惡念，警惕隱藏在虛擬世界的惡魔。

全球華人軟實力的文化護照

　　全球華人散佈世界各地，在不同國家發展，都擁有不同的護照，但他們心中都有一本中華文化的護照，蓋上了心靈的簽證，發揮了前所未有的軟實力。

　　在美國麻州長大的華人導演關家永（Daniel Kwan），父親是香港人，母親是台灣人，他們在家裏都說粵語、國語（普通話、華語）、英文，三種語言混雜，交叉滲透。這也成為他在自己導演的片子 *Everything, Everywhere, All at Once* 的語言，讓片中的人物都在這三語之間切換，匯聚成為一種奇特的風格。

　　但最強烈的風格還是他打破了時空的限制，在一個華人移民家庭的小人物身上，展現人生逆境的各種意外突然鋪天蓋地「殺」來，躲也躲不掉，就在千鈞一髮的時刻，可以走進了另一個平行時空，扮演另外的一種角色，甚至是讓人生重新來過，思考更多的哲學意義。

　　這部低成本的片子在美國意外的叫好又叫座，製作費只有兩千多萬美元，票房已經進賬近一億，更不

要說在其他國家與地區，都普受歡迎，顯示美國華人的創意雖然天馬行空，但卻暗藏深意，打動了很多不同文化、不同民族觀眾的心弦，在全球各地引起共鳴。

其實近年美國的華裔新一代，都打破過去華人只是做工程師或是從事餐館、洗衣館行業的限制，不少進入了創意行業，即便競爭最激烈的好萊塢，也越來越多華人的身影，好萊塢身價最高的華裔導演就是《速度與激情》（Fast & Furious）三至七和九集的導演林詣彬（Justin Lin）與溫子仁（James Wan）。林詣彬在台灣出生，童年移民美國，在加州成長。溫子仁生於大馬砂勝越古晉，在澳洲長大。這系列動作片名震江湖，拍了很多的續集，至今未衰，很受年輕人歡迎，融合激情、愛情與親情，是美國電影的代表作。

而前幾年轟動一時的《紙牌屋》（House of Cards）的主要編劇就是華人林肯尼（Kenneth Lin 譯音），他父親是紐約長島一家中餐館的老闆，他每天就在餐館的環境長大，閱人多矣，培養了敏銳的觀察力，成為他寫劇本的重要靈感。

即便到了奧斯卡金像獎的殿堂，也看到華人脫穎而出。年前描繪美國汽車流浪群體電影《無依之地》

（*Nomadland*）的趙婷（Chole Zhao），就獲奧斯卡「最佳導演」與「最佳電影」兩個獎項。趙婷北京出生，她和當年台灣出生、原籍江西的李安（Ang Lee）二度獲得奧斯卡獎的佳績先後輝映，傳為一時佳話。

如果説影視作品是影響世道人心的軟實力，那麼全球華人社會正在打開過去對華人禁閉的大門。從關家永到趙婷，從林詣彬、溫子仁到林肯尼，都展示這些華人的影視先鋒以無限創意為鑰匙，進入好萊塢殿堂，在全球的影視市場中，發揮澎湃的原創力。

夢斷英倫的香港人幡然醒悟

誰來定義最新的軟實力？過去認為好萊塢電影、文學、哲學與政治的論述可以不戰而屈人之兵，就是最高的軟實力境界。但到了二十一世紀的初葉，全球的制度競賽都不僅比較理論與形象，而是要檢查在哪一種制度下，人民有更多的幸福感與獲得感。

也許不少移民到英國的香港人都會有親身的體驗。他們滿腔熱忱，要告別「不民主」的香港，擁抱「民主」的英國，卻赫然發現，新的家園有很多意想不到的痛苦，原來倫敦的治安很差，罪案是如此普遍，謀殺的命案每年高達兩百多宗（香港每年命案平均不到十宗），盜竊頻繁，街頭搶手機、入屋爆竊是家常便飯。倫敦有些地區晚上更是危險之地，這和香港通宵到處走的安全感比較起來，對比強烈。

而最離譜的是，在英國一旦家中被爆竊後報警，警方由於警力不足，往往不能立刻來處理，而只是要求事主封鎖現場，等待兩天後派人來調查。這在香港人看起來如天方夜譚，也讓香港新移民特別懷念曾經

被他們痛罵為「黑警」的香港警察，是如何保障香港人的安全。

但更讓他們想不到的，是倫敦的地鐵系統是如此落後，迄今還沒有手機的訊號。倫敦市長在民意的壓力下，信誓旦旦的表示，爭取在二零二四年地鐵全線可以打手機，希望市民稍安勿躁。這樣的政綱如果在香港出現，肯定會被市民炮轟下台，但倫敦人似乎都很有耐心，接受三年後才可以在地鐵車廂內打手機的承諾。

這似乎不是民主不民主的問題，而是管理能力的高下。但問題是在民主政治原鄉的英國，卻無能力確保市民的生命權與基本的福祉。最近倫敦的加油站都排上人龍，超級市場物資缺乏，供不應求，因為脫歐與疫情夾擊，缺乏約十萬名司機運載貨品，這讓新來乍到的香港移民大感苦惱，有些人甚至打退堂鼓，夢斷英倫，立刻返回香港。

其實新加坡的領袖早就看出民主的弊病，強調要有賢能政治（Meritocracy），要確保社會由最有能力的人來領導，而不是被一些只會説漂亮言詞的政客所誤導。香港人在這方面吃了暗虧，只有身臨其境，在

民主的英國體驗生活，才了解民主的真諦，不是虛無縹緲的政治支票，而是落到實處，了解甚麼是以人為本的軟實力，甚麼才是人民最需要的社會。

　　最新的國際指標都顯示，香港還是最有自由的城市，雖然沒有一人一票的民主，但香港的軟實力在於政府的能力，迄今仍可確保市民的生命權與福祉。從英倫歸來的香港人幡然醒悟，為香港的未來發展，作出最雄辯的見證。

跋：新加坡解開兩岸死結的靈感

誰來解開兩岸關係的死結？很多全球華人都覺得新加坡擁有當仁不讓的角色。這個只有五百九十多萬人口的國家可以成為獨特的槓桿，讓兩岸迎向和解的機緣。

也許馬英九和習近平午夜夢迴，都不會忘記二零一五年十一月七日，他們在新加坡香格里拉酒店舉行的兩岸高峰會，兩人在全球六百多個記者採訪的圍繞下，握手一分鐘二十秒，被國際媒體定位為「世紀之握」。

歷史更重視如何握住和平的機會，「習馬會」之後，匆匆七年，但兩岸關係卻在馬英九二零一六年離任後，逐漸跌到歷史的最低點，台海被全球軍事專家視為最危險的海峽。中美關係歷經特朗普與拜登兩任政府，都越來越差，究其因就是美國視中國為最大的假想敵，忌憚中國的國力快速飆升；華府企圖用台灣作為對付北京的棋子。

但俄烏戰爭爆發後，美國的戰略大棋盤開始舉棋不定，不知道是否要在台海與中國攤牌，美國國務院「不支持台獨」的立場一度取消，但不旋踵又恢復。然而美國在台灣的軍事介入也越來越多，兵棋推演甚至提出要學烏克蘭一樣，重視巷戰的能力，這讓期盼和平的台灣民眾忐忑不安。

　　新加坡可以在華府、北京與台北之間，成為一道重要的橋樑，讓斷裂的三邊關係重新連接。兩岸關係如今都進入冰河時期，彼此深度猜忌。也許只有一個兩岸都信任的第三者，可以發揮調停的角色。

　　李顯龍在中美之間保持平衡，獲得習近平與拜登尊重。對北京來說，新加坡是歷史上幾次兩岸會議的場所。李光耀對於兩岸發展都很有感情，他和蔣經國與鄧小平的個人關係更是無人能及。李顯龍秉承乃父傳統，與中美雙方交好。美國方面，長期倚仗在新加坡租用的海軍基地，可以握馬六甲海峽之咽喉，不會對新加坡政治說三道四，對於李顯龍不在中美之間選邊也不予深究。

　　新加坡也長期與台灣關係密切，從蔣經國時代開始的「星光計劃」，派遣部隊到台灣訓練，持續至今。

台灣民眾到新加坡旅遊，也特別親切，不僅因為很多新加坡人說華語（中國國語、普通話），更因為不少人說福建話（閩南話），同聲同氣，血濃於水。

正是這些文化與歷史的緣份，新加坡可以讓台海兩岸再續前緣，推動新的高層接觸。兩岸不能兵戎相見，一場台海戰爭會造成血腥的外溢效應，不利整個亞洲的發展。

中國是所有東盟國家最大的貿易國，東盟當然不會希望中國陷入一場戰爭，影響產業鏈，損害東盟的利益，因此新加坡更有動機去推動一個和平的台海，避免擦槍走火。各方期望在新加坡的香格里拉酒店，尋回當年習馬會飄遠的和平訊息。